清代徽州乡土文献萃编

李琳琦 主编

国家古籍整理出版专项经费资助项目

休宁碎事

[清]徐 卓◎辑

李琳琦 梁仁志◎校注

安徽师范大学出版社

图书在版编目（CIP）数据

休宁碎事 /（清）徐卓辑；李琳琦，梁仁志校注. — 芜湖：安徽师范大学出版社，2018.3

（清代徽州乡土文献萃编 / 李琳琦主编）

ISBN 978-7-5676-3487-9

Ⅰ.①休… Ⅱ.①徐…②李…③梁… Ⅲ.①休宁县 – 地方史 – 史料 – 清前期 Ⅳ.①K295.44

中国版本图书馆 CIP 数据核字（2018）第 084772 号

全国高等院校古籍整理研究工作委员会直接资助项目
文化名家暨"四个一批"人才工程资助项目

休宁碎事
XIUNING SUISHI

［清］徐 卓◎辑　李琳琦　梁仁志◎校注

策划编辑：孙新文
责任编辑：孙新文　蒋　璐
装帧设计：任　彤
出版发行：安徽师范大学出版社
　　　　　芜湖市九华南路189号安徽师范大学花津校区
网　　址：http://www.ahnupress.com/
发 行 部：0553-3883578　5910327　5910310（传真）
印　　刷：江苏凤凰数码印务有限公司
版　　次：2018年3月第1版
印　　次：2018年3月第1次印刷
规　　格：700 mm × 1000 mm　1/16
印　　张：11
字　　数：188千字
书　　号：ISBN 978-7-5676-3487-9
定　　价：36.80元

嘉慶辛未秋鐫

休寧碎事

海棠書屋藏版

《休宁碎事》书影一

休寧碎事自序

匠氏持具入山于秀蔚蓊蔚中見干霄蔽
日者則斧之斯之界以歸乎巨室其餘料
者喬者枝而卷者幹而曲者宛童而無姑
者離奇而赤棟白棠者虎而羆鼠而梓者
散材也而盡棄之匪棄也所得在大木斯
棄之矣邑志大木也此碎事散材也料也喬
此卷枝曲幹此宛童也無姑也赤棟白棠

《休宁碎事》书影二

前　言

　　《休宁碎事》是清代休宁学者徐卓辑录整理的一部休宁县的乡土文献。

　　据光绪《重修安徽通志》卷二百二十五《人物传·文苑》引《休宁县志》记载："徐卓，字陶友，休宁人。孤贫服贾，佣书励学，通经术及地理、星经、数学。道光癸巳成进士，归班铨选。主讲黟、祁书院。著有《经义未详说》《更漏中星表》《萝雪卮言》《荒鹿遇谈》《休宁碎事》《白岳纪闻》。"其实，徐卓还有部未刊稿，叫《休宁学嫡辨》。据他自己说："间尝念生紫阳之乡，其前贤往哲有可考者，不殚搜罗之，成《休宁学嫡辨》一书，惜无力付梓，不能就正有道，为可叹也！"①

　　《休宁碎事》从240多部文献中辑录资料698条，分成十二卷，内容涉及休宁人物掌故、山川物产、传闻轶事、风俗民情。作者辑录资料的原则有三：

　　一是县志未收者。"遇一人一事，必彻底查对，未收者，始补录之"；

　　二是有所删润。"事辞贵称不尚浮夸，行状铭传中取其事实，繁文则删之，疵句则润之"；

　　三是注明出处。即"每条直标其目，不但美不敢掠，兼且信而有征"②。

　　作者纂辑此书的目的是"补志之未逮，可以资桑梓之谈，可以广枌榆之见"③。

　　为纂辑此书，作者费了不少精力，"日聚生徒，无能为役，惟五夜一灯，时加搜讨，阅书千几百部，纂辑十有二月，乐此不疲，每至鸡鸣漏尽时"；为此书能付梓行世，作者又"破却三年束脯矣"④。的确是至为不易！

---

①《休宁碎事》卷五第271条"卓按"。
②《休宁碎事·凡例》。
③《休宁碎事·自序》。
④《休宁碎事·凡例》。

《休宁碎事》对我们进一步了解休宁的人物和文化具有重要意义，而徐卓的"按语"，还为我们就一些人物和事实的进一步考证或研究提供了参考线索。

此次《休宁碎事》整理所依据的版本是清嘉庆辛未（十六年，公元1811年）秋海棠书巢刊本。整理说明如下：

一、由于时间和精力所限，未能就每条辑录的资料依原文献进行逐一核对。

二、一律使用规范简化字体加标点，并在每条资料前面加序号，俾便于读者阅读、引用。

三、原刊本中或破损残缺，或因字迹模糊不可辨认者，均以□号标明；错、别字用【 】更正于后；衍字、衍文用〔 〕标明；脱字用（ ）补入；文意不通难以理解者除照录外，用〔?〕存疑。

四、凡异体字、俗体字、古体字，除个别有特殊含义者外，均改为通行字体。

由于水平所限，整理过程中差误及不妥之处肯定不少，恳祈读者方家予以批评指正。

李琳琦

2018年2月于安徽师范大学

自　序

　　匠氏持具入山，于秀蔚葱翁中，见干霄蔽日者则斧之，斯之畀以归乎巨室。其余朳者、乔者、枝而卷者、干而曲者、宛童而无姑者、离奇而赤棟白棠者、虎而臭、鼠而梓者，散材也，而尽弃之。匪弃也，所得在大木，斯弃之矣。邑志大木也，碎事散材也。朳也、乔也，卷枝曲干也，宛童也、无姑也、赤棟白棠也，虎臭、鼠梓也，补志之未逮，可以资桑梓之谈，可以广枌榆之见，何嫌乎事之碎也。譬彼大木之为梁也，而散材则为棁、为椳、为樂矣；大木之为栋也，而散材则为櫋、为阒、为交矣。如必取其大木，弃其散材，无已，请问诸持具之入山者。

　　　　　　　嘉庆庚午腊月十三夜，萄牖①徐卓自序于海棠书巢中

---

① 萄牖：徐卓，字莘生，又字陶友。"萄牖"应是"陶友"的谐音，自谦意。

凡　例

　　饥驱于僻壤矣，安所得鸡碑鼠狱①搜罗遗闻而成海内之奇书，惟桑与梓一二佚事综纂而考订之，对乡人说乡语，是亦兔园册子一部。

　　山川乎、人物乎、古迹而新闻乎，有珠皆采，无璧不珍，零丝织之则为锦，剩纸剪之则为花。碎事也，奚分门别类为。

　　截其流，不知其源；芟其枝，莫探其本。松鳞岁月著书，苦心一概抹煞，生平深恨之。故每条直标其目，不但美不敢掠，兼且信而有征，将以嚆矢为他日修志地。

　　事辞贵称不尚浮夸，行状铭传中取其事实，繁文则删之，疵句则润之，虽嫌点金颇费攻玉，谅我苦心可耳。

　　戴志②未行，无由寓目。惟以廖志③为主，遇一人一事，必彻底查对，未收者，始补录之。日聚生徒，无能为役，惟五夜一灯，时加搜讨，阅书千几百部，纂辑十有二月，乐此不疲，每至鸡鸣漏尽时。

　　乡贤达往矣，泰山北斗，时深仰止，直书其名亵甚，然载之于书，窃附临文不讳之义，至刍荛一得，加按字以别之，敢矜葺妙乎。

　　奇事异谈，各有所嗜，惟畔道者不敢采录，亦寓隐扬之义，而纪载年

---

　　① 鸡碑鼠狱：意指多才多艺，智力出众。"鸡碑"典源：《晋书·戴逵传》："少博学，好谈论，善属文，能鼓琴，工书画，其余巧艺靡不毕综。总角时，以鸡卵汁溲白瓦屑作《郑玄碑》，又为文而自镌之，词丽器妙，时人莫不惊叹。"后因以"鸡碑"指多才多艺之人。"鼠狱"典源：《史记》卷一百二十二《酷吏列传》第六十二："张汤者，杜人也。其父为长安丞，出，汤为儿守舍。还而鼠盗肉，其父怒，笞汤。汤掘窟得盗鼠及余肉，刻鼠掠治，传爰书，讯鞫论报，并取鼠与肉，具狱磔堂下。其父见之，视其文辞如老狱吏，大惊，遂使书狱。"后因以"鼠狱"指智力出众的人。明·陈汝元《金莲记·偕计》："学富五车，才高八斗，睿智聿超鼠狱，玄明克驾鸡碑。"

　　② 戴志：按文意应指戴氏所修的《休宁县志》。戴指何人，何时修撰《休宁县志》，未查到相关史料。

　　③ 廖志：是指廖腾煃等修纂的康熙《休宁县志》。廖腾煃，字占五，号莲山，福建将乐人，清康熙八年(1669)中举，康熙二十八年(1689)任休宁县知县。

代不无先后易序，随笔辄书，非必因此有轩轾焉。

谈我枌榆灾，彼梨枣资斧维艰，村学究破却三年束脩矣。二集告成，尚俟馆谷有余。行将剞劂，征显阐幽，斯固仆之所矢愿也。

萄牖徐卓识

目　　录

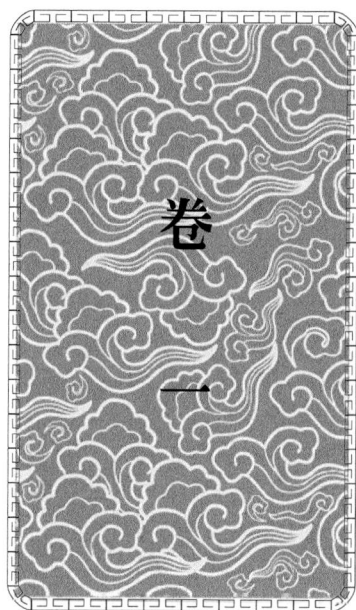

卷一

1 新安烈节最多，一邑当他省之半。而休宁孝女胡寿英因兄亡，乃孝养父母，终身不嫁，至六十而卒，葬二亲侧，尤称奇女焉。（《寄园寄所寄》）

2 明初，休宁汪彦光、彦礼兄弟翕睦。光五男，礼仅二男。父遗赀厚，将析箸，礼曰："吾兄弟平分，吾儿信有余，五侄薄矣，请七分之。"里人高其义。（《居家金镜》）

3 休宁邵大维，尝索逋江右，附孤舟，雨夜泊鄱湖僻处，四无人烟。舟子貌甚不良，邵惧，佯以失物，呼舟子秉烛，尽检箱箧，遂得无恙。（《啸虹笔记》）

4 有失鸭数十者，控于休宁廖令腾煃，廖曰："近有来求鬻而未遂者乎？"曰："有金姓人曾来。"踪迹之，鸭具在，金强辨不服。廖悉取两家鸭杂于堂，命各呼之，金呼之不应，失鸭者以竹竿呼，果成群而走，且曰："吾鸭有火络印左掌。"验之，果然。其中一鸭不应呼，且无掌印，金执以狡辩。廖曰："尔积窃也，惧人觉，故买一他鸭杂其中耳。"金赧服，责而还之。（《海阳纪略》）

5 休宁汪耐庵，曾拜靖南侯门下。高杰引兵争扬州，公从靖南侯饮，盘列生彘肩，割啖之，帐下骁将能饮者以次坐，人浮巨觞，有邱总兵弟守备，辞不能饮，侯怒，欲杖之。总兵目公，公大笑，侯问故。曰："生笑邱守备腿不及杖粗也。"侯笑而止。（《柳轩丛谈》）

6 程篁墩总角时，与老僧参禅，问："何许人？"曰："江南。"僧曰："江南草木耳。"程曰："草木之中，惟吾独秀。"僧曰："择其秀者伐之。"程曰："伐为皇家作栋梁。"僧词窘，遂骂曰："进三步必死，退三步必亡。"程曰："横行三步又何妨！"僧遂瞑逝。（《万青阁偶谈》）

7 休宁汪应鸣，少客襄阳，充团练守江，孤旅游行，侦者辄疑为贼，间滥杀甚夥。一日，二贾自蜀来，足沾泥尘，有远行色，众曰："贼也。"挥刀欲断其头。汪止之曰："焉有不问而枉杀之者？"缚而献诸官，则往来货买，帐目凿凿，果民也。引襄之牙侩多有识之者，二人得免死，匆匆去，未及问汪姓名。未月余，流寇掩至，沿途惨戮，汪逃避江上，烟水茫茫，无有渡者，急呼芦中，舟皆不应，忽舟中有人伸头侦之，认其为汪也，渡之去，即从前免死之二贾焉。又尝负不平为人诉于皖，未济江之前一日，旅邸中闻有号呼而哀吁者，问之则远客卧病垂危，囊尽而店主人逼之去者也。汪恻然，尽解其橐以赠而忘留己串，至中途不能前，遂停轿以待后伴，又明日乃济。舟子曰："昨午此时狂风骤作，渡者覆溺无数，若昨来，鱼腹矣。"（《续人镜阳秋》）

8 休宁程宗斗，弱冠，好枪棍，祖付三千命贾，宗斗携往河南少林寺学武艺，罄其橐。少林例：学成者能打散众木偶，方许出寺，否则必欲去者，乃由狗窦出耳。宗斗学既久，独能打散木偶。既出，惧祖责，不敢归。父遣人访得之，闭诸室不令他游。后父挟重资偕之往北京，道遇响马贼，父惧甚，匿草间，宗斗独敌数十人，皆辟易。响马惊拜曰："神人也！"邀其父子至山，宴而后归其橐，宗斗从之。方半酣，偶闻门外喧哗，急跃起如飞鸟掠檐，间忽不见，群盗惊甚。少顷，自门外从容来，曰："吾乍闻喧，将试吾拳勇，乃下人噪杂，不足辱一挥也。"盗皆色然恐，急还其行装，送其父子归。其父亦讶甚，曩亦不知其技勇若此也。后恐其将入匪类，不令出游，遂以商贾终焉。（《怀秋集》）

9 休宁西五里，过鲁公堤，有杨山寺。丁令应泰时，老农夫妇刘草堤上。日方午，虎攫农于地，村民鸣锣争逐虎，虎跃入寺中，误以泥塑判官为人，啮其足，像倒压虎死。后重新泥像，并于足下塑虎云。（《啸虹笔记》）

10 休宁汪季闳，偶触伤足大拇指，痛苦十余年，百药不效。后移其父枢营葬，棺久厝浅土，底已坏烂，见一足指在棺外，乃易新棺，纳指于内，以绵裹束葬。甫半月而季闳之足指不治自愈。（《讱庵偶笔》）

11 休宁万安街民家，常日空中抛掷瓦砾，其家心惊，延法师压禁无验。异日，客有识者，谓曰："此地必有伏尸，因人居其上而袭其阳气，致有此祟。"乃命人发之，果有木椁二十余，因令迁葬于隙地，奠之，投

掷始息。(《稗史》)

12 查道初应举,自荆州湖游,索获资十余万。至襄阳逆旅,见女子端丽秀出,非尘中之偶,因诘其所来,乃故人之女也,遂以行囊求良谨者嫁之。是岁由此罢举。又尝于旅邸床下获金钗一束,且百只,意所遗者必复来取之。向晚,果二人至,见道,但嗟惋而已。道诘之,具言其所遗,如道所获,遂尽以付之。其人惊喜,请留三之一以为谢,道固拒之。(《国老谈苑》)

13 查待制道奉使高丽,晚泊一山而止,望见沙中有一妇人,红裳双袒,鬤鬖纷乱,肘后微有红鬣。查命水工以篙扶于水中,勿见伤妇人。得水偃仰复身,望查拜首感恋而没。水工曰:"某在海上未见有此物。"查曰:"此人鱼也,能与人奸,水族人性也。"(《徂异记》)

14 宋时有朝奉郎之官。太祖初定,徽民迎之者皆自称曰朝奉。太祖曰:"多劳汝朝奉的。"至今休歙犹沿其称。太祖初至徽,避雨于民屋门首曰:"尔民何不接檐?"民遵命,至今屋宇门皆重檐。(《寄园寄所寄》)

15 许相国贫时岁除,袖修金归,悯投水妇赠之。方患无以卒岁,徘徊河西桥,休宁程爵遇之,高其义,厚赠且结姻焉,次年许即发解。(《啸虹笔记》)

16 本朝康熙丁卯科江南解元张兆鹏,吾邑芳干人也,父仍休宁庠。庚午浙江解元吴筠,歙溪南人。辛未状元戴有祺,吾邑瑶溪人;会元张瑗,祁门人。一科同郡两元。(《万青阁偶谈》)

17 休宁吴虎文,雄膂力,尝客金陵,杂稠人中观剧。明季最强暴不逞者,莫如西北辽人。偶一人误以泥靴踹污虎文朱履,方陪笑举衣为虎文拭泥,虎文恶声加之。其人怪虎文文弱书生,乃敢叱我,拳殴虎文。虎文随以手挥之,其人辄仆,而其党公忿,成群来殴虎文。虎文声色不动,触之无不伤者。其党充营运者愈集,围虎文数层,虎文谈笑应之有余。适参将道经其地,来【素】与虎文善,乃叱众散。虎文之勇,由是益震金陵。

（《柳轩丛谈》）

18 休宁胡侍御宥巡贵州，以仆文顺、文学从。侍御按部毕节，感瘴得脾疾，羸瘦且殆。文顺曰："吾闻长老言，瘵疾非人肉不起。"乃斋沐，刲股肉杂进之，侍御病小损。居月余复笃，且易箦。文顺方以股疮卧疾，文学不忍见主人死，曰："死而可代也，吾六尺直鸿毛耳。即不获代，而主君卒不讳，孤魂在万里外，谁与从者？惟先死以俟耳。"遂自颈其喉咽，所不合者仅指许，然竟不死，而侍御死。（《王弇州传》删本）

19 金峰胡公宥，甲戌进士，能文章。诸生时，下帷呕血甚剧，梦黄冠假艮背之旨，疾乃瘳。每神其术，不语人。尝自城南夜归，灯火相接，及门阒无一人。舟覆彭城，赖居人出溺，公问故，则神人夙戒，谓贤者有阨，宜急持勾网以救。见屠者将解牛，市而豢之守冢，及公卒于黔，牛不食死。（《涌幢小品》）

20 邑多凿石为大圣像，立祠宽广不过二尺许，田神也。南乡有大圣祠已毁，相传刘诚意遗记云："日出正当寅，大圣头里出黄金。"乡人不解，断其头不得。后诚意子孙来合其头，视寅时日影斜射处，掘其金去。（《啸虹笔记》）

按："大圣"当作"大成"二字，祀田神，祈大有收成之义。

21 松萝茶最为时尚，是茶始比邱大方。大方结庵松萝，采诸山茶于庵焙制，远迩争市，价倏翔涌。（《茶录》）

22 松萝香气浓郁，并可雁行，与岕颉颃。（《茶疏》）

23 茶初摘时须拣去枝梗老叶，惟取嫩叶，又须去尖与柄，恐其易焦，此松萝法也。（《茶笺》）

24 篁墩举神童李贤许，字以女。指席间果试曰："因荷而得藕。"曰："有杏不须梅。"（《儿世说》）

25 休宁县治壮丽，江南北所未见。（《礼白岳记》）

26 天门外石室中遇张蹒跚，一百二三十岁人。（《礼白岳记》）

27 休邑有智尼拥高赀，与贵室往还。深垣密局，虽白昼莫能窥也。曾一罹暴客，邻人集炬捍之。既散，尼割一书册给众，令明旦相质取酬金，自是岁每一二发牵，割质如故。一少尼廉得其非盗，实邻者伪张以取酬，因欲相讦，尼曰："不可。吾岁捐所余以絷，若曹令远近知盗不胜捍，犹树兵意也。讦之是自撤备而树怨，吾不复安枕矣。"（《蓬栊夜话》）

28 戏台卖茶棚下，溪西俞老人作联云："足固任劳，胡不令腰一息；眼宜纵饱，亦当为腹三思。"其自寿六十云："非无意于求，安胎投已定。何以知其必，寿胆未全尝。"添足古句云："天下无不是底父母。无父母日，方知世间最难得者兄弟，有兄弟时不觉。"（《啸虹笔记》）

29 丁应泰为休宁令，休宁民逐虎，虎急入一古庙中，见土偶岿然，以为人也，攫之偶，踣而折虎腰，虎毙焉。翌日，闻于丁令，丁命播之歌谣，以为异政。（《尘余》）
按：此与《啸虹笔记》事同辞异，并存之。

30 吴季常继序，休宁人。官中书，工山水、佛像。（《伤逝记》）

31 旧传树老必自焚，未之信。甲子岁，邑东株树山老树无火自焚一昼夜，枝半烬，树仍活。（《啸虹笔记》）

·7·

32 休宁村落间，有奇石如弹子涡，所出者宜养石菖蒲。（《新安文献志》）

33 丁南羽父子制墨，一两可染三万笔。（《帝京景物略》）

卷

34 休宁有贸易过江右者，逆旅中遇一道人，询乡贯毕，忽曰："君处有卜筮者汪龙乎？乃吾弟子也。吾有下部秘书，尚未传彼，今老矣，烦君

一

归时邮付之。"又曰："吾试为君卜，某日当归，某日当抵家，抵家之次日当有事，入城行至东门外望见桥上有瞽者，缓步下桥，即吾徒也。君当呼询，以此书畀之。其日吾徒入城为人占卜，袖中有银五钱，可以赠君酬劳。然须即返步，不可入城，入城当防口舌。"其人唯唯。及归家，果符所占之日。次日，因事入城，至东门未上桥，果有瞽者，询为汪龙，因即以书授之。龙果出银五钱赠之，其人谢去。忘入城之戒，至市中忽有挑柴者摩肩过，柴枝牵破其衣，其人大怒，批负薪者颊，责令赔偿，负薪者叩求不得。适县官过，问之得其情，乃曰："贫民无心牵破衣袖，既打矣，又令赔衣，真无良也。"与之杖十五，其人方忆道人言，悔无及矣。（《柳轩丛谈》）

35　徽郡守闻汪龙名，召之卜数。临去至仪门，方跨阈，守唤之返，问曰："今科南京解元，知为何许人？"龙曰："祁门，盖以骑于门为数也。"令去，再至跨阈处，又唤之返，问："来科解元为谁？"龙曰："仍是祁门。"郡守以为未必验。已而果然，盖嘉靖甲午科解元郑维诚、丁酉科解元王讽，皆祁门人也。（《啸虹笔记》）

36　西湖岳坟，旧只秦桧、王氏、万俟卨三像，都指挥李隆铸铜为之，久被游人挞碎。万历二十二年，休宁范公涞为按察司副使，以铁铸秦桧、王氏、万俟卨、张俊四像，反接跪于丹墀，人咸称快。然而击挞者无虚日，惜乎今没其张俊、王氏二像。三十年，公复司藩于浙，捐俸重葺。秦桧遗罪万世，事昭史书者实以长舌成之，而始之者张俊也。春秋之义，第诛首恶，若俊与王氏跪庭，安可免焉？（《西湖便览》）

37　孝宗时尤重经筵，多有匪颁之赏。学士程敏政记其事云：弘治元年七月二十日，文华殿后讲，上顾中官，赐讲官冠、带、靴、袍，敏政预赐织金云雁绯袍一、有副金带一及乌纱帽、皂靴，面谢讫。上顾谓曰："先生辛苦。"共对曰："此皆职分当为。"顿首而退。有诗记之："日上罘罳晓色深，湛恩稠叠驾亲临。对衣巧濯天机锦，束带黄分内帑金。久幸清班容宦履，渐惭华发点朝簪。经生启沃寻常事，消得君王念苦辛。"（《玉堂丛语》）

38 隆庆庚午四月，邑东门一酒家，鸡伏数雏，内一雏四足，后一足稍软不至地，余三足并列如鼎。其家珍玩，置篮中不能行。（《贤博编》）

39 休宁富人某妻奇妒，年六十五无子，买一妾，有身将弥月，而富人以他事出。既产，妻视之男也，以脐带缠儿颈使无声，佯惊曰："伤哉！儿死矣。"令婢子持弃竹林中。是时家有母狗生三子，辄噬杀其子，往乳林中所弃儿，啮儿颈上带断，乳之，既则爪积败叶覆之，日数回以为常，如是数日。富人归，犬出跳浪若喜状，富人诧曰："家生儿乎？"急归问妻，妻佯悲曰："虽男也，死数日矣。"乃犬则牵富人衣入林中，爪积叶开而见儿，呱然泣。于是富人急举儿讼于郡守，去妒妻，帷母狗于房中，日啖之勦肉。时余居山馆闻其事，疑之，及入郡，乃遍哗市中云。（《偶载》）

40 嘉靖邑令李公升，缙云人，在任为家人阿马所弑。先是，举人张旭、俞廉以嘱事，李不听，颇有后言。及李遇害，遂有飞语，谓二举人实挟李公自缢。闻于监司，二举人竟至谪戍。时张已老，以其子学生补伍。李公死时，有小婢，家属归，后转为一生员妾。生员于李有连，一日问妾，李奈何自死，妾备言奸状。生员遂发其事，阖室伏诛，张、俞始得释还复业。（《贤博编》）

41 詹同诗，赤色精金，与铷铦自别；东山赵沨诗，根于笔削，尤称雅则。（《诗谈》）

42 水南汪中翰滋树，少时诣歙程君房市墨，必欲售最上者。程诋之曰："君所需此已足，何用顶烟为？"汪怒归，穷工制务滋堂墨，遂驾程上。予偶构【购】得中翰旧烟制玉界尺墨试之，诸名墨俱出其下，不自宝惜，尽散去，今不可得矣。"（《寄园寄所寄》）

43 行瘟者十人皆道服，赍箱匣大扇，从浙岭过休宁县谒城隍及英济王庙，遭叱逐出徽州。（《夷坚志》）

44 休宁板桥有人伐竹，遇一竹甚坚，再三砍之方倒。竹凡十三节，

节节之中皆有观音大士像，今供奉本村庵中。（《讱庵偶笔》）

45 落石台在休宁小南门外，悬崖峭壁前。临深溪巨石，偃水中可坐百人，复有云头石为下流藩蔽，称胜览焉。岩中供奉铜铸观音，天启壬戌，有盗利其铜梯缒而取之，碎其法身，唯头独存，藏于袴。遂迷，不识路于稻田中，往复数四，行人觉其异，诘之，应答支离，搜得神头，送县枷责。山僧奉其头，抄募复铸圣像。（《讱庵偶笔》）

46 嘉庆丙寅，山寇抵休宁界，本县集民兵御之。方逐北，有程哑力与黑刘文子奋勇先众及寇，寇大骇走。众忌其得功，因立视不进，寇返斗，二人俱死。且寇不过百余人，设众随二人以鸟铳、弓弩继后追射，登可尽杀。乃观望致二人虚死，寇竟徐徐逸去，可恨也。初，哑力赁余家屋，居无妻子，虽不能言，然颇识字，尚气好斗，尝愤其嫂为义男所欺，时时为报之。黑刘文，拳师也，其子恃拳捷，故皆以能死。不闻有存恤其家者，即后有急，谁肯勇往直前耶？（《贤博编》）

47 余乡人吴成器为会稽典史，值海寇乱，籍丐户三百名为义勇，乘其素不平之气而厚遇之，尝得其死力，超升府通判。吴去官，复散如故矣。（《贤博编》）

48 广文查君，名宏道，字书云，白岳人。少不羁，负倜傥才，诗文烂然，名重于时。一再奏赋，方甲乙未定时，已飘然放浪于五湖三泖间，泊后游燕、游粤，举于塞鞍，是托好事者绘以图、纪以诗而先后骑驴之说，遂已腾耀于人间。（《鹤关文剩》）

49 休宁崇寿观奉元帝，有人盗神前铜剑，吴四如适以醮事宿观中，夜半梦有促之起云："神前剑被人盗去。"吴不以为意，复卧如故，而梦中人复促之。于是唤道士秉烛，剑果失矣。追出观门，见一人凝立道左，如醉如痴，急叱之曰："汝奈何盗剑？"其人不认而神色甚沮，欲共执之，始徐言曰："剑在田畔泥中。"寻之，果获。刘子昭有仆，行经观前，忽塘中有鬼出魅之，神为驱逐其鬼，而护刘仆归家。比仆醒询之，则云："行到塘前，一怪物突来祟我，先饮以茶，后食以饼，我皆不受，渐觉昏迷。

忽见观中有金甲神仗剑出，叱而驱之，亦不自知何以倏到家也。"翌日到观谢，见逐鬼者乃高元帅。又康熙初年，修观时，瓦匠上屋作脊，抱鳌鱼长四五尺，重数十斤，失足连鱼坠下。众皆大惊，以为死矣，而匠与鱼皆丝毫无恙。（《讱庵偶笔》）

50 休宁城东华光庙奉五显神，明代邑中殷阜，香火甚盛，国变后庙渐替。有偷儿无赖，忽开一神之背而盗取其脏，偷儿邻家怪其有金珠出兑，亦不识所从来。饿而偷儿于大东门外出净，忽脏头努出寸余，旁有一犬衔之而走。偷儿负痛喊逐，而犬走愈远，抽出大肠数尺，死。（《讱庵偶笔》）

51 休宁程姓者乘舟过马当，失足落水，大江森茫，莫可捞救。次日起锚开船，而程客端在锚齿上，身体柔软类醉人，姜汤灌之复活，云："恍惚见三白衣人立我前，初不知在水国也。"知为三官救护，乃立庙江上。（《讱庵偶笔》）

52 顺治三年丙戌，黄公道周以相国募兵，给空扎百函，号召得百余人。由闽中出开化马金岭，至休宁界时，张提督天禄标下许弁，昔曾从事黄公，假意出迎，遂执入囚车。经过旧市，予童年见之，绿袍方巾，手一卷，坐车内。予尾车后至长充铺，相国目余曰："小子何恋恋耶？"张公械送江宁，相国绝粒不食，积十四日不死。内院洪承畴怜而欲生之，卒不能屈。余闻相国毕命，为之泪落。（《寄园寄所寄》）

53 甲辰，三弟靖士武会试，介祉堂甑鸣三日，后闻报。乙丑中秋，都中寄园甑鸣，厨人惊异，破其甑。四弟俊士武殿试，报拟鼎元，传胪二甲第二，甑鸣大是瑞征。（《寄园寄所寄》）

54 大司马程公信，成化中参赞南都，左珰安宁时为守备，燕公设席，中为己坐，而以公位其下。公心不平，盖中官虽为主，亦居首席，六卿而下皆列坐焉。公戏为一绝云："主入首席客居旁，此理分明大不祥。若使周公来守备，定因屋上放交床。"安见诗，遂分宾主。（《客中新闻》）

55　吴清，字夷甫，商山人。尝过遏富路侧如厕，得遗金四百两，待其人俟三日夜，失金者彷徨，问其实，还之。乃婺人韩姓往府上国税者，其人欲半分谢，清不顾而去。尝造册误书字以"升"作"合"，明初令甲森严，罪当死。有子三，曰：福缘、福兴、福元，争认死。缘曰："家事任长，缘当抵。"元曰："元当其辜。"兴曰："兄任家政，弟为父爱，是伤父心，兴愿抵死焉，兴卒抵死亡何？"赦充戍，故至今从戎籍焉。（《名族志》）

56　刘仲伟印章篆书，诣臻神品。浔阳盛成西云："詹吏部写竹，刘山人截玉，可称双美。"（《苏堂集》）

57　嘉靖乙卯年，休宁人吴维昭沾危疾，梦元君语："须衡石程金购药材。"疾遂瘳。登齐云岩谢神贶，因修梦真桥。（《齐云山志》）

58　周德成，洪武中知休宁县，有牛在山被害其舌者，踪迹忽得。则语之曰："曾有人来买者否？"曰："有之，酬价不及而去。"曰："即其人矣。第杀此牛，必有来买肉，告私宰者。"已而果然，推问得实，其舌尚在。人神其事可方包孝肃云。（《仁狱类编》）

59　圣山在流塘南，岱山在流塘东。（《寒松阁集》）

60　程忠壮公破贼后，散兵于农。方自负铧入田，朝命适至，授以郡寄。仓皇以铧置水中卜休咎，得吉卜焉，因名其地桥曰"铧卜桥"。（《篁墩诗集》）

61　县东三百步而南峙曰芝山，上有五显王祠。嘉隆以来，五方居民每年四月朔日诣祠，拈香阉请，俗传拈得一五之神为喜，则不得亦不敢以好恶争竞，惟凭阉定迎出山。择日游行，五方不拘伦序，听其后先。出游之日，旗帜仪仗与王者埒，好事者助台戏，饰以黄白珠翠，火齐木难务以奇巧为胜。各方稍有省事，群訾揶揄，以此相尚，是所谓赛会也。是日，旌旗蔽日，鼓乐喧天，远近观者骈集如堵。游毕，令合属地方各户备灯烛、火炬送神入山。是夜，火光烛天如昼。祠前建华光楼，旁有五猖庙，

四时有祷必应。至岁终，祭以牲醴更多，其神血食有年，旧传芝山祖殿是也。(《海阳山水志》)

62 程康功，字晋侯，休宁由溪人，邑庠生，例授按察司经历。工书法，有《胡笳十八拍》文、《文山集杜》诗，行楷二碑行世。(《程氏所见诗钞》)

63 吴袁维，字镜池，家于常熟，入籍为诸生，善鼓琴。游京师改名为鹄，为国子生，屡试不售，客死于丰润，葬虞山之北。(《同岑集》)

64 汪海云，附贼舟，值祭江神，约于深夜劫掠一太守舟。欲汪备数，汪不逆其意。自陈善画，开箱取扇以示无物，人各画一扇赠之。已而以象饮自豪，贼皆醉，太守舟获免。(《无声诗史》)

65 史瞎子释罪入京，仍客于汪文端公第，益韬晦，不肯言人祸福矣。岁庚午，文端长子承沆方应举，文端夫人望之甚切，请史决之。史曰："即当得六品官。"六品者，惟翰林修撰及部主事。时文端方直禁近，子弟若登科第，必不至分部，其为状元官修撰无疑也。母夫人方窃喜。无何，文端为是科主考官，承沆回避不得试，共以史言为妄矣。其冬，特旨赐文端荫一子，承沆果得主事官，正六品，其奇中如此。(《檐曝杂记》)

卷

二

66　节妇胡，休宁人，嫁金腾茂。腾茂早夭，时节妇年甫二十五，姑徐在堂无恙，而遗孤明诚仅周晬。腾茂故贫，死后家益困，节妇藉纺织缝纫易粟肉以养姑。明诚少患痹逾毁齿，犹不能行，病且笃，节妇祷于神曰："是儿乃金氏所系一线也，不可死，愿以身代。"夕梦神授之药，病果起，其冥感如此。贫不能延师，口自命之读书识字，课督甚力。未几，姑病卧坐床褥中，妇日夜扶掖，凡饮食搔抓，下讫浣濯溲溺之役，无不亲之，如是者垂十年而姑始殁。休宁妇女称节孝者，必首推之。（《节删汪纯翁传本》）

67　吾邑嫁女之夕，婿家送烛数十斤于女家，自厅堂、廊舍以及厨灶、曲房，无不燃烛，犹存古人不息烛之义。（《余年闲语》）

68　汪度龄先生应铨中状元时，年已四十余。面麻身长，腰腹十围。买姜京师，有小家女陆氏粗通文墨，观弹词曲，本以为状元皆美少年，欣然愿嫁。结婚之夕，于烛下见先生年貌，大失所望，业已郁郁矣。是夕，诸同年觞饮巨杯，先生量宏兴豪，沉醉上床，不顾新人，和衣酣寝；已而呕吐，将新制枕衾尽污腥秽。陆女恚甚，未五更雉经而亡。或嘲之曰："国色太娇难作婿，状元虽好却非郎。"（《随园诗话》）

69　休宁万寿山，名胜为一邑冠，山麓观音岩临大河，香火颇盛。河中有潭深不可测，产鱼最夥，小者盈尺，大者丈余，鳞甲如金鬐鬣皆赤，游泳潭中，从不远游。游人投以饼饵，跳跃争吞，或戏以石击之，了不思避。董思白题"鱼乐国"三字勒于石。庙祝云："元旦昧爽时，有巨鱼长数丈，两两而来，望岩纵跃者三，若朝拜状，岁以为常。"过此则伏，而不见矣。乾隆初，有於潜赵姓者朝九华山回，观鱼而倦堕诸水，鱼丛集浮起托其体，得不坠；榜人过而救之，获免。（《秋灯丛话》）

70　黄求心，名麟，字行叟，从世父草窗学。咸淳庚午补将仕郎，有隽才。（《新安学系录》）

71　程令观，字不山，休宁人。家贫，走都下，无所遇，课蒙糊口，非其志也。工写生花竹，钩勒传染疏秀有逸致，体裁章法亦迥别时流。尝

作尺幅《宓妃图》，云髻修眉，丹唇皓齿，曲尽其态，而环姿柔情，艳逸绰约，亦复能宛转出之。（《读画闲评》）

72 休宁崇寿观，建自前朝，殿柱雕金龙，二爪鬣如生。他日住持外归，瞥见观前池内两龙游戏，奔告。众视之，无所见。入观殿柱，两龙水迹淋漓，若蠕动状，无不骇异。恐为祟，用巨钉钉之，血污满柱。乾隆甲申观重修，血迹仍现。（《秋灯丛话》）

73 休宁布衣陈浦，字楚南，白髯伟貌。壬辰年，与陈古渔同来投诗一册而去，余当时未及卒读，庋之架上，蠹蚀者过半。庚子春，偶撷读之，乃学唐人能得其神趣者。问古渔，曰："死数年矣。"余深悔交臂而失诗人。其《庐山瀑布》云："喷雪万峰巅，风吹直下天。长悬一匹练，飞作百重泉。松近无晴鬣，村遥有湿烟。因知元化大，江海与周旋。"《秋月》云："秋月一何皎，照人生远哀。闭门不忍看，自上纸窗来。"《孤雁》云："月因孤影冷，夜以一声长。"《鄱湖》云："岸阔山沉水，天低浪入云。"七言如："远水无边天作岸，乱帆一散影如鸦"；"割爱折花因赠妾，攒眉入社为吟诗。"皆不凡也。其可怜者，《醉后题壁》云："贫归故里生无计，病卧他乡死亦难。放眼古今多少恨，可怜身后识方干。"呜呼！余亦识方干于死后，能无有愧其言哉！（《随园诗话》）

74 戴有祺，字丙章，康熙戊辰进士，辛未状元。遭放归里，日事觞咏，自号"慵斋野老"，刻有《寻药斋诗稿》，前后自为序传。五言如："有径皆芳草，无人自落花"；"忽经一夜雪，不辨对门山"；"遇雨溪添水，新晴云吐山"；"不辞邻舍酒，懒答故人书"；"听雨堪清暑，看书当养疴"。七言如："烟消碧落林疑染，天入澄波影倒开"；"人生任意无过懒，世上妨闲独有官"；"浮白向人真有味，拖青于我本无缘"；"平桥白水侵篱脚，隔坞红霞罨树梢"；"花因急雨争先落，蝶为飘风不敢狂"；"远岭入云全没寺，归鸦笼柏似经霜"；"但作闲人何必隐，不耽佳句易成诗"。刻意拟和靖、石湖两家。（《红蕉诗话》）

75 吴鹤龄，休宁明经锡龄殿撰之兄也。溧水令聘修县志，授馆馆之。事将竣而疾作，浸淫至大渐，同馆以疾不可为，衣衾、棺椁之属，经纪咸备。既属纩矣，胸头微热未退，未即入槽，延下午数刻，吴忽矍然，起曰："吾生矣。"张目语同事曰："吾顷非死也。顷见青衣数十人迎至一公廨，有若书吏者导余入据案上坐，吏抱卷牍堆积案上甚夥，余四顾堂下侍立者，皆冥府鬼脸，心颇惊悸。忽吏向前跪白曰：'今日仍当送老爷归第，候至后日某时，再伺候莅事耳。'余与诸公明日仍当罄一日之欢，约后日某时方死。"同事皆笑为病中狂言。有述以告令者，令曰："然则吴君当为吾县城隍也。"盖溧水方修城隍庙，新塑神像于本日登位，择于后日某时开光。令方与僚友商缓开光日期，为吴君延数日寿。僚友不可，曰："天数也。"吴届后日某时果死。（《只尘谈》）

卓按："当为吾县城隍"下宜加一"神"字，否则城隍义有未协。

76 明休宁吴非熊仿初唐体，作《秦淮斗草篇》，闽中曹能始见而异之，遂广为延誉。客金陵，一时名士如屠纬真、冯开之、钟伯敬、林茂之、赵凡夫、徐兴公皆折节与交，而能始犹相契重。竟以好游，客死于蜀，如侠客行。家因结客破，命为感恩轻。《游石莲山》："岚重春衣薄，松深梵语寒。"《燕子矶》："登高浦口，云深帆影；暮石头风，急雁声寒。"《初到虔州》："维舟登岸先寻寺，入境逢人便问山。"俊逸迥出流辈。（《红蕉诗话》）

77 查道，善隶篆。（《墨池编》）

78 道始习篆，患其体势弱，有教以拨镫法，仍双钩用笔，经半年始习熟，而篆体劲直。（《书史会要》）

79 休宁县《明伦堂记》，宋淳熙甲寅，邵补之记并书。（《玄牍记》）

80 朱同，字大同，号朱陈村民，又号紫阳山樵，官至礼部侍郎，文才武略，图绘丹青，无所不精，时称为"三绝"。（《书画谱》）

81 詹僖，字以宽，休宁人。洪武初，官翰林学士。画马师唐人，亦工，但少韵，以故与松雪分蹊，水墨者胜。（《东图玄览》）

82 程泳，字孟游，号友山。世居休宁，书得颜柳楷法。（《定宇先生集》）

83 朱同入侍懿文太子，太子爱其书，殊亲重焉。（《詹氏小辨》）

84 詹俨以善书名，与朱大同旗鼓足相当，而韵稍不逮。（《詹氏小辨》）

85 詹大佚其名，詹景凤云："吾家詹大画牛，亦足与学士詹俨马敌。"（《东图玄览》）

86 吴锦，字有中，休宁人。受笔法于许元，复书各体俱能，分书入妙，几逼文待诏，号六松山人。（《詹氏小辨》）

87 敏政书合处不减李宾之。（王世贞《续名贤遗墨跋》）

88 孙满，休宁人，嘉靖三十五年任济宁州州同。（《济宁州志》）
卓按：此条无行实可考，本不足载。然书之以补县志选举志之遗，后有载者推此。

89 赵景元，字简斋，休宁人。由贡生康熙三十四年任济宁道。（《济宁州志》）

90 吴化凤，休宁人。明末任工部都水司，驻济宁。（《济宁州志》）

91 松萝汪观以诗名数十年，所选清诗五家及《大雅集》风行宇内；《正气集》一编独采忠臣志士之作与纪述古今纯孝节烈事，不失古者采风遗意，可以羽翼风雅。（《拙存堂集》）

92 同邑汪瞭翁，名存正。少习儒书，弱冠改业远游，初传祈川谢君躔度学，继传章贡会君地理学，遂以卜地、谈天、涓日之术行当道，诸公往往青盼之。尝参校阴阳诸书，编《一览历》，同业多传焉。（《定宇先生

93 宏斋每归休宁，其族人争相留款，公曰："吃无钱之酒食，害有益之光阴。"遂呕去。（《东皋老人随录》）

94 程曰可，休宁人。与朱同同时，楷书结体纤长而笔雅秀，腕力在陈文东上。（《詹氏小辨》）

95 吾邑之胜有芝山，以灵芝生于山得名。（《定宇先生集》）

96 陈盉，字自新，定宇先生曾孙也。早从朱枫林、赵东山游，以制业受知于郡守。守名观，闽之同姓。靖难兵起，守倡为师，自新实赞之。金川失守，同守被逮。亦先生贻传正学，濡染使然也。（《陈氏家乘》）

97 苏若川，字君楫，休宁人。受笔法于文待诏及南禺外史，其书得外史为多。径寸草书临二王，清丽可爱。（《詹氏小辨》）

98 金玉相，字清甫，邑之汪溪人。幼即务学究明经，旨不合于时，屡试屡蹶，竟不获一第，愤郁放为诗歌。后以荐辟授广东淘金副使，笑曰："官虽卑，犹不废吾赋诗。"及莅任无事，日载酒寻幽，兴至诗成，谒韩庙有作，曹宏斋称为"禁鼎一脔"。有《沧洲集》行世。（《定宇先生集》）

99 查道性淳古，早寓常州琅山寺，躬事薪水以给众。常衣巨衲，不复洗濯，以育虮虱。晚年待制龙图，朝列伏其重德，咸谓之"查长老"。（《国老谈苑》）

100 詹贵，字存中，休宁人。行书似苏子瞻，而酷似子由。其法赵承旨，亦宛然似之。（《詹氏小辨》）

101 吾邑吴端翁先生，于苏文定宰绩溪时登其门，因文定而见文忠，遂交。后山又见知无为子杨公杰，序其诗。虚谷方公于诗鲜所许可，而于端翁诗集则称重之、摘选之。（《定宇先生集》）

102 查道以恭俭率己，为龙阁待制，每食必尽一器度，不胜则不复下箸，虽茹蔬亦然。尝谓诸亲曰："福当如是惜之。"（《国老谈苑》）

103 太上谕汤丞相思退等择二人必令试，且云："苏轼中制科犹试，况余人乎？"于是以予及同年程泰之大昌应诏。具诏上旨，乃不敢辞。王仲衡希吕尝赋诗寄程同年云："当年给札踏金銮，重到依然九月寒。学士策询学士策，秘书官试秘书官。自怜绿鬓非前度，尚喜青衫总一般。寄语浙东程阁老程时为浙东提刑兼权帅事，亦尝暂直翰苑，莫矜红旆笑儒酸。"程答诗末句云："有底滑稽堪羡处，金莲烛底话穷酸。"（《玉堂杂记》）

104 程文简公《易老通言》，光宗喜《老子》，此书投合光宗。其强合处节去，其单解《老子》处自好。（《东阜老人随录》）

105 吾休范司理龙石有绢画四小幅，绢素如新，是乱云皴而非郭熙，以意粗气不高逸。（《东图玄览》）

106 丁南羽为毕生与权写生花八品，自名为八生花卷。其傅粉染色描写，皆得品物真态，足追古人。（《莫廷韩集》）

107 南羽在余斋中写"大阿罗汉"，余因赠印章曰"毫生馆"。余以菩萨为毫生，盖从画师指头放光拈笔之时，菩萨下生矣。（《容台集》）

108 查道罢馆陶尉，与程宿遇于逆旅中。夕有盗取其衣，既觉，呼宿曰："衣有副乎？翌日当奉假。"盗闻之，弃获而去。（《国老谈苑》）

109 吴彬，字仲文。耕经猎史，种学绩文，乡先达虚谷方公、余干胡公、宏斋曹公皆加赏识。工吟诗，有句云："两添新水半篙绿，风减残花几片红。"又《梅花》云："淡匀姑射仙人貌，清夺林逋处士魂。"颇为人传诵。（《东阜老人随录》）

110 吾邑苏君楫，藏文徵仲《袁安卧雪图》，后作小楷写《袁安传》

绝佳；画古雅，用笔似龙眠居士，而落墨乃李唐，会意亦自高远。(《东图玄览》)

111 汪汰，字公良，别号次岳，世居双溪。壮游太学，交多居名士。工诗赋、草书，所至以觞咏自娱。(《澹园续集》)

112 思宜分书学《受禅碑》，亦雅劲。(《詹氏小辨》)

113 丁令应泰宰休宁，岁乙酉，白雉雊西，牧野人扰而献之庭，令放之齐云山。(《太函集》)

114 金一甫，(名)光先，休宁人。家拥多赀，乃多雅尚，究心篆籀之学。尝谓："刻印必先明笔法，而后论刀法。乃今人以讹缺为圭角者为古文，又不究六书所自来，妄为增损，不知汉印法平正方直。繁则损，减则增，若篆隶之相通而相为用，此为章法。笔法、章法得古人遗意矣，后以刀法运之，斫轮削锯，知巧视其人，不可以口传也！"以故所为印，皆归于顾氏之《印薮》。梁溪邹督学彦吉常推重之。(《印人传》)

115 曹清甫，迈往不屑，余心敬焉。馆餐于我再寒暑。予辅政中朝，清甫不肯为薛宣之吏；予谢病幽谷，清甫不肯为翟公之宾。清甫助我多矣。(《碧梧集》)

116 谷兰芳，休宁人，行三，小字笑儿。善画兰，师丁南羽，得管夫人笔法。(《图绘宝鉴》)

117 吴福恺，字应和，邑之阳湖人。善事父母，初父与伯氏分财，父不值伯氏。应和谏曰："兄弟直左右手耳，右虽瘠，终不衰左以肥之，一体之谓何，愿置勿问。"父曰："善。"遂相友如初。买妾，故有身且生子，家人欲勿举，应和笑曰："此亦人子也。"举之长则纳妇，授金遣归李氏，即李氏子终身父事应和，应和绝口不言功。(《太函集》)

118 胡曰从正言《印谱》，旧名《印史》。王雪蕉易曰《印存》。其以墨印者曰《元赏》。陈旻昭侍御、韩圣秋别驾、杜于皇司李、周亮工序之，皆能及其生平。曾官中翰，最留心于理学，旁通绘事，尝缩古篆籀为小石刻以行，人争宝之。（《印人传》）

119 程胜，字六无，休宁人，善画蕉石、兰花。（《图绘宝鉴》）

120 程隆，邑之陪郭人。当元兵下江南，徽有兵变，欲屠其民，隆冒白刃说止之，授本县尉。（《朱枫林集》）

121 丁亥春王二月，乡大夫馈赤鲤鱼一，沿瓷罌而畜之邑斋。时丁令应泰方上程书誉命，且至斋居夜读，闻罌鼓浪砰磕有声，鲤一跃，而风雨从之，乘雾而上，人以为神鱼也。（《太函集》）

122 杨先生琎，字季成，号放鹤翁，休宁人。幼从吴元庵读书，即有志圣贤之学。长从吴古墩游，谓《小学》《近思录》为治至之刀锯椎凿，《四书》《五经》为治至之炉锤沙石，学者切磋琢磨以底于成，全在功深力到。先生佩服其言。好学不怠，后又游倪道川之门，倪著《四书辑释》，先生涵泳体察。知陈定宇为朱子世嫡，遂守其说而不迁。筑书楼于芳溪之上，自题曰"心远"。朱平仲为述尧舜之要，孔孟治心之方以勖之，先生遵其教。与朱枫林、赵东山、汪环谷、黄季纶讲道楼中，尤得《易经》精蕴。明太祖定鼎金陵，朱枫林为翰林学士，荐先生于朝，试"周易策问"，太祖深嘉与之，即授休宁儒学教谕。先生正己率物，一时士风丕变。尝赴金陵朝觐归，太守胡善以诗劳之曰："南省旌旗新鼓角，六朝人物旧衣冠。如何不说封侯事，仍向松萝作冷官。"盖深知先生有经济而无意仕进也。晚年致仕归林，四方执经问业者益众，著述益精，有《心远楼存稿》《道园天藻集》行世。（《紫阳书院志》）

123 僧渐江，休宁人，善画山水。俗姓江，名韬，字六奇。初师宋人，及为僧，其画悉变为元人一派，于倪、黄两家，尤其擅场也。（《图绘宝鉴》）

124 程琼，休宁人，寓州北门外，开铺卖饭。宿客有归安宗定者，携银百两来州买丝，丝未出，复归饭于程铺，就雇其马，下梅溪。置银布囊缚之马后，中途坠地不觉也，跟马童拾之匿于路傍竹园。宗至梅溪，解囊不见，初不意童也。乃驰回程铺，且榜诸途曰："得银者，愿平分。"程视童面色可疑，遂密诱之得实，亟押童至其所，取银还之。宗以其半为谢，坚辞不受，减至二十两亦不受。然程之拾遗而还，非止一次矣。（《谵然堂类纂》）

125 程信征南蛮时，制得专断，迄班师，不敢辄戮一人、官一人。曰："刑赏，天子大柄以阃，外事不易集，故假便宜以摄服之。幸而事集，奈何复干非分哉？"（《明史》）

126 邵正宁，工治墨，工绘事。葬父母东郭外，筑祠南山，刻木为父母祠事之。里人故病远汲，正宁不以为劳。尝止异人宿祠中，及归市，异人指祠东不五步可得水，何远汲为？里人夜望祠东隐隐有火光，谓祠且火，赴之则异人高卧，大惊。且日，入市告正宁，异人逝矣。于是，正宁操畚锸疏尺土，众涓涓出石罅间，下流为坎，日受水二升仅足朝夕，里人以正宁孝，呼为"孝感泉"。（《太函集》）

127 程明卿，（字）霁春，屯溪人。精于医，师汪培元，凡五易寒暑，遂得窍。会求之寸口三候之间，一投剂霍然有起色，再投而减，三投而愈，门内外履相错也。闲则焚香、啜茗、鼓琴、绘画，飘然有出世想。（《荪堂集》）

128 范希旸先生，休宁人。余尝过其地，路有碑曰"范夫子行吟处"。嗟乎！必其人有深入人心者，而后装【悲】哀追慕不能自已。虽其偶然不经意处，皆所不忍埋没，人皆爱好名誉，生前行己尤急哉。（《江止庵遗集》）

129 丁南羽《牧马远停琴听莺图》一绢幅，原苏君楣物，用笔雅秀，大有幽趣。又收《月仪帖》《宋揭》，亦佳。（《东图玄览》）

130 孙逸，字无逸，休宁人。流寓芜湖，山水尽得子久衣钵，闲雅轩

畅，蔚然天成。（《图绘宝鉴》）

131 吴万钦，字子贤，瑞芝坊人。轻财重义，乡党宗族间刑仁讲让，屡捐己赀修葺里闬通途，以便行旅。尝有遗金于道者，偶遇得之，立标遍觅，访三日得其人，悉以归之。方欲用其半为谢，不受曰："本汝所有，何谢为？"乡人来邑输税，以其金袭衣裹中，遇骤雨憩里门治雨具，亡其衣裹经去，中途方觉，大恸曰："衣不足惜，催征甚苛无以应，将转于沟壑矣。"万钦道遇，悯之，代上纳如其数，闾里慕其义。（《名族志》）

132 临溪吴文奎，于舍后土山卜窀穸，发坎得汉鄣【砖】椁二，埏埴型凸起，款篆隶字数十，曰黄帝、曰黄凉、曰延熹元年七月乙巳朔十日，下二字不辨。（《苏堂集》）

133 丁惟暄，字以舒，城西人。半岁丧父，苦志力学，治古文辞，密参西来之旨。居常以举子业鸣，邑令鲁点深器之。素患额有瘤如胡桃大，百法药物不能治。读书白岳，候一夕梦金甲神人手摩其额左，赐以果核，惊寤，遂平如右。金以为孝友行义，作人之报云。（《齐云山志》）

134 汪灿，字文明，号道轩，晚更自号道仙，金塍人。以邑高等经生籍国学，谒选授太康丞。初至，会京师有贵人自言为县官戚里，横索钱物，令侯君匿不与见。灿曰："观齐儿欲以此为俗耶？"坐堂上待之。贵戚至，盛气视灿，叱胥徒缚而痛拽之。时署太康才八日，首威凛然。县有椎埋巨盗，盘互牢甚，灿警，察其戚属钩致之，盗就缚。会台司有所案大猾，以其人属灿，捕乃部分，百人竞迹，得之以报。兖豫间兵起，渠率黄镗弄赤白丸，众至数万，令仓猝谋闭城。灿曰："城之西非赤子乎？"令曰："即不测，以太康之城为墓域，如老母何？"灿曰："丞请撝亢之。"被坚剑挺先，亟招民之西者入严逻，卒使仲子汝谦携一胥往哨，值盗五骑来，尝批杀三骑，盗戒不入境。时大军还聚，诸司程督甚急，粮饷仓卒不备，官兵骄悍，至以兵刃加令颈，令母惊骇死。灿直延颈承刃曰："乱兵欲何为？吾一人之肉足以啖汝众饥否？国家用汝命，岂不给汝食？"已有处分谕富民："盗至，汝粟岂能保乎？其各出粟以给为汝御盗者。"民翕然听。杂处而食者，兵凡十万。其秋不收，大饥。灿两上状请赈，不许。公虑民生变，辄赈之，随请以官去赎方命之罪。修缮太昊陵，费不赀，陈守因获谴，属灿核陵功以实上，陈守得释。比邑南墩为盗铛劫杀，死者枕藉如山，部使者命掩骸，畏之无敢往，灿以隔邑请往，并前所暴者皆为斥土。当侯令持母丧归省，郡上剡请以博士署县，御史记：“下县自有丞，奈何以博士言？且县所值多艰，非材丞何以辨此任哉？”八月以父丧归，士民攀送于路，幼者首顶甋瓯焚妙香，妇人脱环瑱以奉，曰：“愿主君还治我县，如此环也。”（《大鄣山人集》）

135 肃皇帝初年，宰铨部为郡之婺邑汪公。时灿谒选，二乡人与俱语，诘朝为谒。灿曰：“故郡国为知交，土揖而已。”二人私语曰：“唉！故书生狂。易态给为谒，诘朝公谒，直长揖。”冢宰阳浮道称之。又明日，二人谒，蒲伏膝行而前，竟得善地，逾年俱擢邑令，而灿遂不振。乡人相传为口实焉。（《大鄣山人集》）

136 程忠壮公将兵过旌德，抽矢射山，誓平侯景，故至今名射的山。（《篁墩集》）

137 休邑之东，距二十里曰“东湖”，其所宸而隆然者为“石井山”。有石峡巉岩屏立，水流涓涓，中有蛟龙潜藏，即古石井处。不数武有石室，高可二三尺，中栖大圣山，所由名石井，以前峡为窟宅，故称焉。山椒广半亩，列为梵宫者二，至今乞甘霖者走前石峡龙湫中，辄应祈祷，乡民重之。（《海阳山水志》）

138 李永昌，仪观都雅，工书画，书宗董华亭，可与吴翘相伯仲；画仿元人，饶有士气。家固素封，而亦好事。崇祯丙午，余参中府军事，周生过从，出三代尊罍，洎所藏书画示余，俱各精好。其冠上缀汉玉二枚，雕琢精雅，神采陆离，亦奇瑶也。有诗四卷，名曰《画响》，音调清越，皆阐扬画理者。（《无声诗史》）

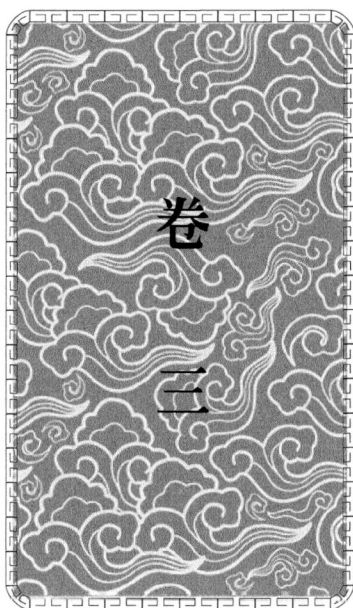

卷

三

139　项维桢，字征周，溪阳人。从父游吴下，受诗业成，始还，补县弟子员。嘉靖丙午举于乡，领南漳县事。会郡守议有司岁费便宜，下令诸县为画一法，毋轻用民财。诸县令率有他肠，征周独奉行。恐后乡民无不便征周，市猾操故智，不得行，相与议法非便。征周上其状，郡守索首事者罪之。于是群无赖欲中征周，阴以邮书投部使者，摘县官得失。部使者下郡议，郡验得首事者，复罪之。谓征周曰："此郑人欲杀子产时也。"征周对曰："使子产不失为惠人，何惮见杀！"会监司分部至，其供具当取办南漳。适县有水灾，仅取充数，或以供具易办，奈何以是忤监司。征周蹴然曰："供具足矣，必朘民以称上意，谓维桢何？"会景王就封，征周冒暑供亿且病，监司卒不合征周。壬戌从上计罢归，始去南漳，乡民遮道号泣，如失怙恃。（《太函集》）

140　由渐江旁曰闵口者遡涧溪而入，十有五里，二水合流，曰云溪。山水奇秀，于是为最。（《覆瓿集》）

141　汪处士，名学圣，字惕若，号石樵，休宁人。性明毅、有高识，发明孔孟程朱之理，必求躬行实践。日与诸子互相难诘，斥邪扶正之功，赖以不坠。所著有《读易述》《学庸章句绎》《语孟偶存》《闲存录》诸书。（《紫阳书院志》）

142　石樵先生所著文有《论语隅见》《孟子会观》《中庸愚按》《孝经实义》《乐记节正》《诗绎》《几希录》《传信录》及讲语、论学、诗歌、序记、杂著。（《语余漫录》）

143　陈伯全，字全叔，定宇先生曾祖也。天性乐易，于生业不屑为。时里之恶少曰横八包者，盗人之牛将屠之，公执里役陈之。邑给榜戢其奸，恶少恨焉，持屠刀欲害公，一忠仆曰陈简，奋身卫公，毙恶少于一杖下，卒全。此仆仅编管。公尝语人：吾遭此横逆中未尝去首也。自是家渐落，屋亦他售。然公好诗酒，不为芥蒂。善歌词，尝咏火种古诗曰："一点若星渺，传薪遍寰海。"味斯言，似若借以自喻，且有望于后之人者。（《先世事略》）

144 汪烈妇，一龙先生之女，归苏圻吴元功。娴婉贞静，里中贺吴得佳妇。元功客武昌，无何，病瘵归，烈妇朝夕雪涕，请以身代。里有以名医告者，则为延致；有以禜祷告者，则谋厌禳。自春逮夏，历昼夜焦然，霄衣侍卧起，略无倦弛。会元功不起，烈妇恸绝者屡。事毕，水浆不入口，翁姑以言立元功弟子为嗣子，进烈妇食，烈妇不得间强应之，已密纫襡缝祖俟矣。至八月朔有四日，给守卫者出就食，遂阖户自经死，后元功仅三十四日。（《苏堂集》）

145 宋程先生，名显，字允彰，号南墩。幼志于学，长授鄱阳令。以清节自特【持】，士民爱之，清声达于遐迩。（《覆瓿集》）

146 张伯谦，邑之古楼里人。妙岐黄方书、唐许藻鉴、景纯地理之学，无不奇验。隐居梅谷。赵子常先生为之作记。（《朱枫林集》）

147 同邑吴琼，（字）邦珍。有顾定之竹五幅，尽妙，大有兴致，石亦烟晕。又有赵写绢幅大行书，亦妙。又有张观我效马远山水一幅，亚于戴进。（《东图玄览》）

148 王用卿，事母孝。母病肺，用卿释业自吴会归，归侍卧起者逾年。母病革，呼用卿，语曰："吾举子三人，尔独长，有生以至今日，终不以片言逆母心，即母死，瞑目矣。"用卿哀毁甚。寻病怔忡，得良医治之，病乃已。（《太函集》）

149 程鹄，字昭黄。酷爱笔墨，摹宋人诸家，匪止山水绝伦，即人物花鸟悉具精妙。（《图绘宝鉴》）

150 余恭，休宁举人，仕高邮州学正，升庐州府教授。（《高邮州志》）

151 吴南垣，名秦，字廷邦，家邑之汉上。少攻制科，言绩学劳惫，难卒业，谢去。捷关调摄，取《素问》《难经》，伏读研摩，妙解脉理，度节气、酌轻重、候温冷，汤洒灸灼，按古方能出以【己】意，十往十全，名遂大起。（《苏堂集》）

152 汪长源先生，当流贼猖獗时，勉一庶常云："贼势已剧，君善中堂，当促办贼。"庶常见中堂高歌陈唱，笑声达户外，不复言。先生抚几呕血，更自哭请此。先生知事不可为，不能无憾于秉国，而犹欲图之也。（《江止庵遗集》）

153 吾邑东门程氏，世藏东坡竹一片，长二尺，为一卷，以饱笔淡墨横写竹身，仅三四枝、五六叶；又夏圭山水四片，各长二尺，亦为一卷，皆真、皆绢写，后悉为邑令潘清宣【擅】取去。（《东图玄览》）

154 汪深，字万顷，号主静，邑之方塘人。四岁，塾宾授《大学章句》，即成诵。八岁，涉猎经史。及长，发愤圣贤，为文落笔惊人。十六七岁，遂与当时有志之士讲道于平山堂，尽弃平日气习，更鞭饬于不及处，脱然有自得气象，同志称其人品甚高。年十九，领乡荐，屡试礼部下第。以景祐元年将除职，偶丁母艰，服阕，遂授湖州安吉教谕。每月朔望升堂，召诸生环立，讲求斯道，辨传注之得失、达群经之会同、极圣贤之阃奥。推改礼乐制作、刑政因革之文，使学者有所依据。大小翕然归仰，尊称为主静先生。时近臣以先生荐于国学，而议者以主静之学陆学也，遂罢其事。咸淳改元，贾相专权误国，竟辞归。（《定宇先生集》）

155 成化九年秋七月，水旱灾。（《二申野录》）

156 詹东图，深于书学，用笔不凡，如冠冕之士，端庄可敬。狂草若有神助，变化百出，不失古法，论者谓可与祝京兆狎主当代。所书有《千文》等帖行世。（《书史会要》）

157 景凤于文章师《二京》，时出入《庄》《左》，于书师右军父子。（《弇州续稿》）

158 节妇范归草市孙文绚。文绚始胜儒冠，醮而逆妇，甫庙见而文绚痘，甫挟日而文绚亡。当是时，范年十九，自饭含辄绝粒，决策以殉。姑执范手痛哭曰："妇从夫，即舅姑安能夺若志？顾舅姑老矣，非子若妇将畴依，乃今不幸息子暴亡，吾待而终者赖有妇在。妇在与在，妇亡与亡。吾宁先若亡，无宁丧吾子、丧吾妇而茕然独也！"谏者入曰："姑脱不保，黳尔之由，纵自轻尔，将何以面夫君地下？"乃请立后，舅从之，范于是始粒。事舅姑如父母，不啻文绚之在子舍也。非执妇事不及堂，退入于房治麻枲、具衣裳；非释妇功不及阈；居常非门内亲不见，非梱内事不言。自始髻以迄白首，人言无间，里妇语曰："岂必共姜，里有林塘。"（《太函集》）

159 吾邑吴舍人凤泉，《夏圭溪山野棹图》，用笔简重，含气雄深，迹若草率数笔，下笔落墨，一丝不苟，盖构意极精然也。予所见马、夏真迹多如此。（《东图玄览》）

160 尝见汪长源先生绝笔书云："致意诸相，知天下事有可为，无失忠孝念头。"（《江止庵遗集》）

161 徐旭龄，号敬庵。其先休宁人，父羽仪馆于江右玉山县，鼎革时为兵所害。敬庵闻之，号躄呕血，遂只身往寻父骸。溯流而上，艰难备历，将至其处，梦父曰："汝要得我骸，须问茅十七公。"访得其人，引至墓所，见枯骨累累，公呼号滴血，方得父骸。负归又遭大风覆溺，亲入水捞取，归家安葬。顺治辛卯科，主司誓求真士，梦神投一孝子卷，明日阅徐卷，与梦中所见无异，遂登乡荐。至乙未魁南宫，后为御史，巡抚山东。（《丹桂籍》）

162 朱宏，字济臣，号圭峰，休宁人。丰神凝远，博学多闻，与人乐易无城府。省身欲学曾子，闻过欲法子路。尝与施诚斋讲学紫阳，著有《读书存问录》。（《紫阳书院志》）

163 汪肇，山水人物，出入于戴文进、吴次翁，但多草率之笔。（《金陵琐事》）

164 程钜夫，名文海，以字行，号雪楼。其先自休宁徙郢州京山，后家建昌。世祖时授宣武将军，管军千户。他日召见，应奉翰林文字，寻进

翰林修撰。大德八年，拜翰林学士。追封楚国公，谥文宪。（《元史本传》）

165　钜夫字体纯正，下笔暗合书法，亦工大字。（《书史会要》）

166　朱允升，平日事师交友，读书听语，下至里巷、山野、樵渔、妇女，一言一事，于人有补者，遂笔之，名曰《墨庄率意录》。（《朱枫林集》）

167　陈天宠，字德承，为人勤俭慈爱，该博练达。婺源王公炎之，初年客公塾，创一簿题曰《待问》，王公遇书有不通、事有可疑，悉条列之，候伺公出而问焉。（《先世事略》）

168　程应豪，字尔养，休宁草墅人，温雅有古人风度。吴之杨维斗先生，当世伟人，公能率其子越千里，北面事之。儿时有塾师，老而赤贫，终身赡给，敬礼如一日。后方清明扫墓，归而坐逝，人争异之。（《江止庵遗集》）

169　邑人汪进士回，家有朱紫阳遗墨三纸，皆行草，真逼鲁公《争坐书》，不但笔法似，即行款、添注、涂抹皆效之一纸。疑是灯下作，墨或浓或淡皆信手，无不笔笔有法，可谓工力之极。尝见苏宋笔迹神妙，谓非近日书家可及，然彼当家自应尔耳。若紫阳先生则非以此成名，而运腕若是，令人骇怖。始知古先名流不作则已，作则精心求至。近日吴中祝京兆、文待诏，皆专门毫翰，吴人所谓书圣，谁敢异议。然观其书，祝法不精，一篇中群体间杂，又时有硬笔、时有倦笔、时有粗笔、时有野笔，盖纵逸之资有余，临池之功未到，文法虽精，然皆作意，匪由信手拈来，到紫阳田地，尚不知相违几舍。（《东图玄览》）

170　允升著得晋卦五爻有变，占云："明日我主逢凶化吉，帝业自此成也。"是时，友谅据鞋山，日久粮尽，计窘，欲由禁江口遁回。我师击之，自辰至未，上坐胡床指挥，升遽捧进船仓，而贼发流矢已中胡床板矣。友谅大喜张望，反被我师一箭射死。（《翼运绩略》）

171 查道出按部,从者摘路旁佳枣以献,道挂钱于树而去。此事甚细,可知公之无事不循天理矣。(《丹桂籍》)

172 陈应午,由贡元以《诗经》中甲午乡举,四方从学者众,亦有平林之遗风。(《定宇先生集》)

173 陈履长,字复之,晚年更讳"源长",定宇先生之父。年十七从诸叔游淮,因假馆焉,从游者二百余人,熟于《春秋三传》,学者称之曰"复斋先生"。(《先世事略》)

174 休宁之水,发于张公山与歙岭而东流者曰南港,其源于黟祁山会县西北诸水而南者曰北港。(《朱枫林集》)

175 休阳居徽万山间,而平衍紫回、秀拔间出、清粹奇丽,而无粗雄、角力、战斗之势,是以其俗儒而淳、其民文而秀,号称易治。(《覆瓿集》)

176 汪文学,名浚,字泰茹,号括斋,休宁人。性颖敏,就外傅时即口不绝吟,手不停披。少长,博览群书,四子六经,一过辄成诵,诸子百家,亦各究其原委,而以程朱为宗主。弱冠人争师之,辞弗获。其教人也,先躬行而次文艺,率以身为准式。讲学紫阳、还古两书院,笃于实学。初未应试,后遵父命,入县庠,因母病弃去。年未三十丧偶,终不再娶,其志节有如此。尝语弟子曰:"学问以穷理为先,慎独为要,主敬为入手,至诚为要终。"又曰:"治生之道,凡有益于人者,皆可为。不可偷闲,行无益事。"又曰:"君子为政,凡非鳏寡孤独、疲癃残疾而为僧尼乞食者,宜厉禁。"年六十有四,所著有《札记》《文集》行世。(《紫阳书院志》)

177 查鼏,字廷和,北门人。尝过金陵倡家,鼏为弦歌佐客酒,倡引琵琶诧鼏,目摄之,鼏怒祭酒于地,谓倡:"他日不以此擅场,有如酒!"至寿州,师事钟山,尽得其法。他日乃过故倡,倡不知也,一弹而四座辟易,以为神,倡蒲伏下堂,涕泣莫敢仰视之。吴祝希哲、杨用修、王履

吉、唐伯虎、文征仲引为布衣交。(《太函集》)

178　查𪲨尝入楚，楚愍王遣使者操币逆之蕲，𪲨遂留蕲，辞使者。及愍王弑，蕲人多之。入广陵，大贾李从尧执贽请业，𪲨笑曰："即得富家翁为弟子，𪲨将鬻技乎哉！"(《太函集》)

179　里中范龙石司理，藏刘松年绢画《卢仝煮茶图》一卷，可谓精能之致，笔墨亦古雅，有元人跋者十余家。(《东图玄览》)

180　程彝勒，草墅人。居父丧，茹蔬宿外舍，三年不入内。(《江止庵遗集》)

181　休宁方时可，家贫多病，遇一异人曰："子贫而无子，寿止三十六，欲求清福，须种善根。"时可归，勉力刻《感应篇》《阴骘文》印施。刻半，病即减半；刻峻，病顿愈。生二子，后皆贵，竟寿考终。(《丹桂籍》)

182　孝子吴琨者，邑荪圻吴纲子也。吴纲负气好游，苦家贫，递出递归。嘉靖甲子秋，琨弱冠，纲年逾艾，贫愈甚。乃治行，别妻贩赫蹄西楚，奴友富从。丙寅，又转贩豫章，隆庆丁卯，又转徙关中，多折阅，音耗断绝。琨酤酒养母，间往近地，刺取父踪迹。久之，琨有子女，食贫不自给。斥宅质母钱，以半偿宿逋，以半治生。走维扬，学为小贾，思旦暮遇父。壬申，会族人吴培致奴寄语与同里巴生，所见巴东男貌类，琨亟归告母，母子相对泣。提药囊往，琨非习岐黄，按古方修合丸膏，便赍装尔。于是蹑屩执盖，皆负幅帛，书父行年月及物色。故涕泗别母，期三浃月归。抵承天钟祥旧口市，忽触奴友富仆，惊目摄之。诘其故，知荆州背主亡去，强与偕行，至奴别主所。质牙侩陈老曰："奴虽亡，一物无所窃。忆吴客子立，附金溪祝凤，六入四川，今六年年矣。"琨泣，纵奴使还，揭竿遍求，历常德、澧州而返。万历丁丑，又讹传父纲赘关中白河。时琨为族佐质库，日夜涕泣，因称贷，别母，取道荆襄、陨阳、汉中，抵白河县。号于市旬日，计不知所出，会豫章大侠某怜而教之曰："东乡某程其可也。径洵阳、金州、紫阳，渡仁河，徒步乱山、逾茅坝关，登三十六盘岭，穿桃花洞，径观音岩而西为太宁。薪篠蒙密，虞虎豹；坞谷辽逖，虞盗贼。子能从事否？"琨谢，如客指之太宁。值岁饥路梗，东乡尚四百里，琨重茧瘝辀，又心记母临岐语，归。途次念祝凤六不置，过汉川问徐生，适徐生祝邻也，为言祝方老眊，亟寓书往索之，故琨再拜嘱，归。母子泣如前。母矢不及黄泉，无再虚往返。明年，得徐报书，知父货布入东乡，主罗明。又明年，母终，哀毁襄事。又明年冬，乃由松滋、当阳、夷陵、巴东，溯瞿塘，道开县新宁山中，投东乡旗亭遍访，无知者。或曰邻有病叟金，虽龙钟能口道往事。琨叩首床下，金叟曰："若新安人，为父来此，跋涉良苦，顾罗明、吴客先后逝矣。"琨错愕，恐谬，复问状，曰："若翁左耳悬疣，好饮，工六博，贫不废结纳，人亦愿交欢。"琨心知父死，因号痛颠仆。叟扶杖引过市西，指元妙观旁丛竹中柩是，琨伏柩，哭极哀，睨柩上书父姓，字隐隐未灭。择吉伏棺拴骨，裹以纯棉，纳篓中，负之出山。顺流东下，抵彭泽，又负而入山，旬日，止临溪里门，抱篓露寝田间。诘朝具衣棺举合葬礼，宗党、姻娅吊慰来观如堵，诸文学父老欲建白令君，旌以风世，泣沮乃止。（《苏堂集》）

183 朱修龄，休宁北门人，访【仿】汉铜颇入妙，但生动之中不无大过。（《啸虹笔记》）

184 上命守徽州将兵征取浮梁、饶州、乐平等处，麻仓猺、景德镇二处猺蛮率众来拒，朱升遣子朱同，率谕休宁大坑口民兵千户方德厚往招服之。（《翼运绩略》）

185 甲申五月，长源先生死国难。报至，金正希先生在瓯山。闻讣，即至县哭临，再哭长源先生，曰："我与长源同籍十七年，吾无日不在长源包罗中也。长源往矣，吾将继长源见先帝地下。"盖先生是时已决志致命，而晚村批其文，乃云："临难时尚费曲折。"何所闻而云然？（《寄园寄所寄》）

186 汪京府循，字进之，休宁人，弘治丙辰进士。其《题明妃诗》云："将军杖钺妾和番，一样承恩出玉关。死战生留俱为国，敢将薄命怨红颜。"（《列朝诗集》）

187 明太祖下徽州，卜兆于古城山汪公庙，获第一签，及得天下命。有司每岁正月十八日致祭，开销钱粮至今不绝，第一签龛奉梁间。（《休宁旧志》）

188 丁海仙尝视病五城黄洲家，病愈，主人奉五铤为寿。海仙目主人官窑瓶一，固甚良，乃辞请瓶，主人敬诺。既出，舍舆而徒，挈瓶置舆中，舁而归舍。舍中妇待所入钱以卒岁，瓒①出瓶示之，意得扬扬。妇大诟，欲毁其瓶。抱之而逃，不得已，质子钱家以供岁事。（《太函集》）

189 又尝客吴田，其家贮白石，尺有咫，其声如磬、其气如虹。病者起，却主人金，抱石以归，枕之终身，曰鸿宝在是矣。（《太函集》）

190 胡德昌，讳应全，休宁人也。幼孤，事母节妇鲍氏极孝。素敬三宝，好放生。行贾于松江三团镇。年四十无子，产五女，人劝其溺，不从。癸巳仲春，梦至城隍庙，见神微服坐，再拜，神为扶起，命坐，曰："尔本无子，以放生有功、一心行善，今姓陶第七子有善根，尔当继之。"梦觉正值朔旦，随至庙行香，见神坐，一如梦中。初三，昌妻程氏亦获异兆，丑时遂产一子，即名继陶。（《丹桂籍》）

191 吴宣福，石岭人，有二女金绣、银绣。时乡寇诈红巾劫掠，骤至，二女恐被辱，窜死荷花池。时人称为双烈。（《名族志》）

192 邵云，字子腾，东门人。构墓舍祀父邵柏亭，召罗氏工塑父之状，诸傅会土木胶漆、白黑丹青之所为发漂，皆类公貌，故映丽白皙。其后面目忽鳌黑，里人怪之曰："禺人无墨，今邵父像墨，機祥乎？阴色外黑，德相应乎？故西岸之土也，挺之为人，而何欺魄，为亡何而？"公之伯子霆卒，霆卒之明日复白如初已，叔子露卒。露卒，皆轶白轶黑。凡三嬗。自云卒后，遂不复更。（《大鄣山人集》）

① 瓒：丁海仙之名。丁瓒，明嘉靖时休宁人，为时名医。汪道昆《太函集》卷三十八《丁海仙》载："瓒沉于酒，日饮而醉二参。即乘醉视病立方，醒而复视，无所失。海阳以为仙也。因而号曰'海仙'"。

193 李日华之父，忽苦脾疾，已而益剧。苍头潮者忽惊呼，妻蹴之，则曰："主方遣我礼岳。"迨明日，华请于父，曰："白岳神最灵，儿当躬往新安，奈汤药未可委人，其具疏，疏悃，令潮先乎？"则呼命潮，潮因述夜梦，相与嗟异。叹念甫萌，而神已告矣。潮行，疾病渐愈。（《礼白岳记》）

194 白岳有万年松，生紫霄崖顶，虽干黄，得水复青，历百年长仅四五寸，登游者争取贮箧笥中归。（《齐云山志》）

195 真宗章怀皇后潘氏，忠武军节度使美之第八女也。真宗为韩王，太宗为聘之，召入宫，封莒国夫人。年二十二崩，真宗即位，追册为皇后，谥曰"庄怀"。（《东都事略》）

196 程正思，字用礼，号月涧，晚自名鸡峰道人，富溪人。著有《月涧集》《学鸣集》。月涧幼即能诗，出人意表，族父竹友、梅友、兰友三先生皆惊异之，各以所得授焉，故其吟咏题品为州里一时之冠。后学于程篁墩学士，遂筑精舍于鸡笼峰下，为讲习之所，颜其左斋曰"存养"以见志。石田沈周见《学鸣集》惊曰："世有斯人，有斯作耶！"题其后曰："千里隔君面，因诗见君心。风云流逸响，天地待知音。神爽鸡峰峻，澄怀月涧深。何时一把臂，细较短长吟。"天台黄伦亦曰："日增岁益多巨编，月涧近亦成诗仙。想应只饮金茎露，矢口自觉无火烟。"仁峰汪循曰："淳正雅洁，信昔见子于篁墩者，名下无虚士也。"诗之见称于人类如此。（《程氏所见诗钞》）

197 射蜃湖中有巨木，相传为射蜃时所立栅，更代犹存，渔者触之必有异，号相公木。（《篁墩集》）

198 陈达甫好饮，当暑则日三升，自凉；及暄，日益者三之一。既醉，辄仰天问曰："斗牛之域，独当文明。其人斌斌，宜必有应列星者。若有守者，宜何星也？其为酒星乎！"（《副墨》）

199 唐乾符间，徐靖安公为岩将避乱瀛山之麓，见四方多寇，率众万余立寨瀛山以拒之。公负膂力，常隔河耕作，归见桥断，耻与竞渡，遂挟耕牛、田器一跃而过，众皆惊异。寇闻渐退，阴有保障之功。迄今称瀛山寨云"巅仄窟穴"，命曰"龙湫"，深不可测。时致云气，旱祷辄应。山麓建观音堂居人，香火骏奔，亦属靖安公别寝。所居左有古坛壝，露置石几、石鼎，相传六朝旧物。恍惚猖兵夜游出没，从未有窃窥斯地者。山之下为寒田，靖安公子孙世家焉。宋季选以明经振铎著闻，其徒居治之西南类多贤豪长者。噫！神明之胄，得用武之地，而遗之宁宇，宜与瀛山俱显矣。（《陈硕儒定宇先生瀛山记略》）

先靖安公，号静庵。自歙徐山避地寒田，即今环田徐山，皆唐歙州别驾昶公裔。《休宁名族志》《海阳山水志》皆载吾靖安公建寨防寇，当年归功保障尸祝之，邑志不入列传，并轶其事。有德不能表扬，子孙滋愧矣。三十八世裔孙卓敬识。

200 大鄣为东南最高山，峙庐、浙二江之源，世传轩辕帝遗迹处也。前代太守张率修炼其中，飞升去，故俗呼为张公山，一曰率山云。（《海阳山水志》）

201 王楼，休宁人。由吏员万历三十九年任长兴县丞，升楚府工正。（《长兴县志》）

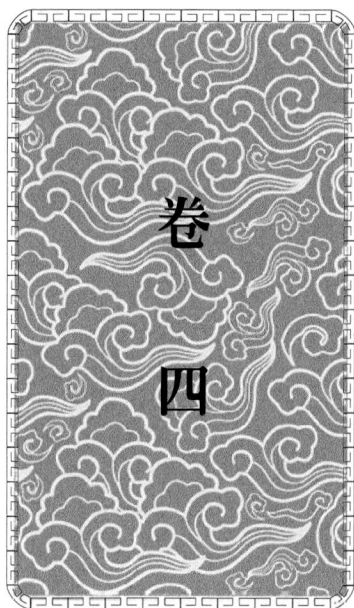

卷

四

202 金国钦，字君敬，休西长干里人也。生有至性，三岁失母，悲哀不食，娱以玩好，辄弃掷弗视。祖母郑恐，亟择年貌相肖者抚之，而终惟郑是依。及郑没，随父丧礼如成人。九岁，父振寰骤终，金陵家人惧其茕茕弱稚，何堪复罹此重忧，密令就傅外家，不以闻。少长，舅议婚，君敬谓非父命不可，舅以实告，一恸几绝，曰："父死不知，何以为人？若不奔丧扶榇，宁死而已之。"金陵先是无赖贼以假命诬其兄君明，将成不测。至则愤然曰："父兄一也！"惟在所急，因潜其兄而奋身鸣冤，两手攀舆，鞭棰交加，血如泉涌，不少阻，气愈激。当事怜之，命将词，而词几成血块。嗣后十指间值阴晦，酸楚难忍，至老愈剧。庭鞠诬白，祸以解，遂得归葬。暇则绅绎经史，当海寇临城，避地僧舍，犹把卷不辍，僧谓："此何等时也？"君敬笑曰："岂不闻朝闻夕死乎！"寿九十一，终于家。（《语余漫录》）

203 戴思望，字怀古，休宁人。能诗词，工书法，画宗元人，峰峦林壑、清疏澹荡、秀逸膏润，寝入其室矣。每一艺成，辄自矜为希世之宝。性獧介，有洁癖，妻死不再娶。扁舟往来三吴、两浙间，遇佳山水，辄留意不忍去。闻画家辄访友之，然不肯轻许可。能鼓琴，善谐笑，或有时旬日不语，人谓痴绝类虎头。卒构风疾而殁。（《画征录》）

204 吴厚，字基仲，休宁商山人。国录俯之冢嗣，文肃公儆之从子也。十岁能属文，文肃深相期待，乃以闻诸当世大儒之学授之。尝曰："能世吾学者，是子也。"故于五月赠彩索，有"色丝传妙语，新艾灿恩袍"之句。十五游乡学讲书，讲篇必祖述濂洛诸儒及考亭夫子之说。时朝廷有异议，公益深信笃好不为转移，尤精于举子业，与程公卓为同门枢密，甚相敬服。公乃叹曰："使吾得叨世科，亲不及养矣。矧未可必得乎？而时议复如是，吾何心哉！"辄弃其所习，崇古道、尚古文，务以别于流俗，益究心于家学，而充大之。因署其斋曰"自胜"，以见志平生。好修洁，足不妄践、口不妄议，非类之友不交、非圣之书不读，士论高之。著有《自胜斋集》六卷、《雪窗》二十咏，皆性命道德之要。乡先生程公达原、范公弥发见之，敬叹不已，皆属和焉。（《新安学系录》）

205 近来学朱子之学而精到似程勿斋甚少。此公才质钝，只是勤。其

文字颇絮烦，然学问精到，絮烦得妙。（《性理问答》）

206 商山之东，北通衢也。里人造石梁，果成，欲题名"萃秀"。梦有神告之曰："缘此桥利涉大川，当名'法缘'。"（《海阳山水志》）

207 余里中吴权有恶疾，乃逃而佞佛。疾甚，募薪事坐化，人或笑之为积糈计，权不顾也。已刻自袖硝黄丛蒇中，举火自焚，端坐而逝。持斋女媪以百数罗拜，举佛号吴。周翰先生为诗吊之。（《千一疏》）

208 范王孙，字士文，休宁人。孝友慈谅，出于天性。资慧绝人，读书学道，用心深至。精《毛诗》，博宗今古上下，汉魏唐宋及明诸儒而辑其成。（《金正希先生集》）

209 古城岩下有放生潭，鱼游清水，惯不避人。游者戏投以食，远近奔赴，声若风驰，团聚水面，移时不散。（《江南纪实》）

210 黄如松，字茂之，号正如，邑之龙湾人。甫就塾，日诵数千言。岁癸西为邑诸生，中壬午乡试，谒选得南昌之武宁县。俗不雅驯，公至即明教令、摘奸蠹。某甲丞者，险人也，以他故罢去，衔如松，属所亲大中丞为释憾，因调令尤溪。邑多逋赋，缘他藩占籍平于土著，诸豪有力者间通吏胥，献金为寿，贿入则嗫不复问。公下令禁私谒，严为条例，若新故缓急如期，输无后者。尤地山溪险恶，所食盐多从负贩，鹾使者欲概行引盐，民不堪。公持议便民裕国，令坊里食盐家量为充课，尤民德之。鹾使是其言，弗强也。公精于听断，其治狱，谢一切寄请，有疑事竟夕为思，或中夜呼灯起，书所得。每爱书成，两造无不心折。壬子，解组归，惟徜徉山水，屏迹不入城市，独与贫贱故人谈艺赋诗。公天性孝友，父病结核，公躬摩抚侍床褥，累月不解带，疾赖以痊；友爱异母弟妹，极其笃挚。病革，训诸子："师俭勤，无忘尔父清白吏。"遂瞑。（《两洲集》）

211 汪元蠡，家休宁，任侠自喜。居常焚香烹茗，弦诵自如。舍中食客十余曹，出倾千金结客，雅游广陵，朱子价、吴会、皇甫子循、文寿承、许元复、黄士雅诸名家，客至辄帐具浮白，必尽欢。诸客交誉，元蠡遂得郡长吏欢，折节与之游，自以为得元蠡晚。乡人或元蠡所急，即当谪，辄为元蠡地，阴脱之。其遇诸贤豪则否。诸贤豪争短元蠡，奈何以布衣而倾乡大夫，语稍稍闻元蠡。隶尺籍。过吴会，子循、士雅执手语曰："彼逐臭而子好芳，固知不免。"元蠡曰："此吾罪也。太原，三晋都会，诚不惮，吾幸有母不能事，又复远徙，自今将不得为吾母子矣！"悲歌慷慨，泣淫下。明年大赦，改元，元蠡归。家人请曰："君抵不辜，家大困，君归，谓先人之产何？"元蠡笑曰："天不独吾母，犹以不肖之子归，即一日养，不啻三公，无问产矣！"乃署阁曰"金鸡阁"，奉诏书置其中。（《太函集》）

212 汪启我，尝著《朱子升祔议》，欲请尊为敬圣，升祔四配之班。又谓金溪不从祀于宋，而祀于阳明，尊陆右陈之后，盖预为阳明地也，故于会语备述王学非，谓应罢其祀。东林高汇旃与启我千里神交，特纂《星溪粹言》入《紫阳通志录》。所著有《礼记问答》《大乐嘉成》《四书讲录》《五子近思录》《明儒通考》《明儒性理汇编》《星溪文集》《紫阳会籍日记》《家礼仪礼节补订》等书。（《紫阳书院志》）

213 汪文伯，字季青，号柯亭，休宁人。工诗，善墨兰，雅秀绝俗，点缀坡石，亦落落大方，洵士夫逸致。官司城，颇著循声。然性习好、习静，三载即致政归里。晚年手定诗，题曰《柯庭余习》，盖所学崇本，朱竹垞太史序之。又撰《杜韩集韵》若干卷。（《画征录》）

214 范元奕，名宽，号栎山，弥发之子，师徽庵。（《新安学系录》）

215 定宇先生，号朱子世适，而学不为空言，凡著书要必有补于道。（《篁墩文集》）

216 士毅，潜心求道，尝学于陈栎、朱敬舆。（《大明一统志》）

217 平水樊氏有何雪渔手锲阴骘文，乃泽州陈相国说岩家物。文共八十二方，朱文二十四、白文五十八，苍老宏肆，殆周栎园，所谓以猛利参者。（《闻见瓣香录》）

218 汪皓，字惟晦。五岁随大父出，石蹶被伤，悲啼未已，移其石于路傍，曰："无蹶后人。"大父以此奇之。(《庭范纪略》)

219 汪琛恕，腾坡先生之子，家邑之方塘。以理学名掌教湖安，湖安之人以配胡安定先生，称胡汪两夫子。藤溪陈定宇先生以未获及门为憾。(《语余漫录》)

220 吴密，休宁人。笃学志道，出近溪先生门，为时名儒。(《金正希先生文集》)

221 休宁县有八门松枝四面垂地，周行可二百步，势如无数苍龙盘旋飞舞。(《江南纪实》)

222 丙午年春，伪吴仍以舟师来往江中，扰我城寨。命朱升参赞军机，大败贼于孟河，追至巫子门，获贼众一千，轻重称是。(《翼运绩略》)

223 万历二十年壬辰，建还古书院于万安山。(《休宁旧志·沿革表》)
卓按：邑志为文献之征，挂一漏万，固所不免。然新志必原于旧志增修而成，安可任意删削。考据无凭，偶得前代旧志参互考订，见新志缺略颇多，因择其紧要者辑入此书，庶无遗憾焉。

224 徽庵于朱子之学甚用工，近年吾邑前辈之可心服者此其尤。(《性理问答》)

225 吴浩，字义夫，号直轩，初名英卿，字孟和，兰皋之子。隐居不仕，专务性理之学，所著有《大学口义》《直轩稿》。(《新安学系录》)

226 新安，齐国文公阙里也，遗风余韵，奕世犹存。自宋亡元兴时，则有若程勿斋休宁人、吴义夫休宁人，汪古逸、赵子常休宁人，郑彦昭、汪德辅、倪士毅休宁人，朱允升休宁人，郑师山、唐三峰，传至国初，以性命义理之学讲淑诸人，皆不失为文公之徒也。予尝闻而为之羡慕之。

（《解春雨文集》）

227 烈妇吴氏，处士胡养宽妻，年十八于归胡。故食贫，兼四龄失怙，独媪母在室。烈妇食蔬、衣濯，躬井臼不厌。姑性卞急，辄奉事唯谨，得姑欢。门以内无疾言遽色，人咸宜之。结缡甫十年，岁戊辰，生由外抱病抵家，烈妇皇皇侍汤药、扶卧起，两阅月竟殁。殁后七日，遂吞药自耽。自吞药至绝命，鲜呻吟痛苦声，饰巾洁甚，颜貌如常，时年仅二十七耳。（《两洲集》）

228 金勇，字达三，号学圃。专工墨梅，笔力老干，脱去时习。以贸迁往来四方，行笈中贮名人笔墨，暇即展玩，兴至即书，遇投契者赠之，非其人不轻与片纸。（《画征录》）

229 詹景凤，写墨竹瘦劲绝伦，山水仿大痴、云林，亦能折枝花草，自号白岳山人。（《书史会要》）

230 洪墨卿，休宁人。善书径丈大字，以尺量壁，涂抹而成，极飞舞生动之致。（《徽州府志》）
卓按：府志略而县志详，何府志所载者，县志反略耶？亟为载之。

231 李永昌，休宁人。善书，与董思白齐名，思白雅重之，所书如董笔云。（《徽州府志》）

232 丁云鹏，善白描，人物、佛像、山水无不精妙。（《图绘宝鉴纂》）

233 陈总戎，讳某，字某。怀奇负气，困于赀，吹箎于市，不妄干人。顺治初，兵下浙江，公以贫寒役。兵中时有掠，一女病垂革，主兵者召公畀之。负归，念其举止异凡，女明日以死绐其帅，乞金治具。归则置其女高阁，严防内外。会市衢有榜访者，迹其姓氏、齿貌、地理、音语适符，女家欣然奔告之，于是聚粮跶数百里挈至其家，获归其幼所字，而合镜焉。其女之祖父尝为大司马，故吏门生有宦于南者耳，其事高公之谊，无不嗟咨叹异。因留署戎事，遂积功为名将，拜大帅。后归书刺谒士子，

以晚生自抑，受其谒者，咸骇异，有识之者曰："异哉！昔者乞于市无所归，向戍楼而栖者，非是公耶？"（《语余漫录》）

234 吴处士，名如遴，字慎先，休宁人。慕卫武公老而好学，号抑庵。天性至孝，年十三失母，哀毁擗踊如成人。不訾笑、不饮酒食肉、啜饘粥者累月，语言步趋一准于礼。见《朱子语录》有曰："《玉藻》九容，宜细心体认"。遂法斯语，身体力行。与人接终日无惰容，暑不岸帻；其居乡谦退，言讷讷不出诸口；邻里有难，即焚溺不忍缓须臾。生平以讲学为重，尝与诸子讲学紫阳、还古，不以风雨、疾病而阻，负担道脉，称有力焉。尤悯世之学者惑于陆王门庭，必力争反正而后已。尝语星溪曰："知行必相须而后合一，戒惧、慎独乃儒门两铁柱，何事纷纷案乎！"凡阅诸儒语录，有崇尚朱子者，必手录盈箧，所著《诗经集解》《大学臆说》诸书。其乡茗洲日濡月染，子弟皆驯谨，成礼义之俗，至今讲学不辍，为他乡所莫及。（《紫阳书院志》）

235 吴考言先生，学古道，日夜读古人书。其执亲丧也，三年不入妻室。平居斟定《家礼》，刊善本行世。（《金正希先生集》）

236 吴兰皋《春日》诗云："韶光大半去匆匆，几许幽情递不通。燕未成家寒食雨，人如中酒落花风。一窗草逆濂溪老，五亩园私涑水翁。无复招魂难独笑，且排春句答春工。"《题和靖墓》诗云："遗稿曾无封禅文，鹤归何处认孤坟。清风千载梅花共，说着梅花定说君。"又咏感一联云："豪在尚堪论剑术，骨凡何用泥丹经。"亦爽俊可纪。（《应庵随录》）

237 吴光禄园在县南三十五里。（《江南纪实》）

238 程廷策，（字）汝扬。为诸生时，相中贵人礼白岳，目诸生长揖心嗛之。比入县谒先师，据坐命讲，汝扬抗言："上英主，恶有掌国子监鱼朝恩，且若奉命视工，非视学也。"卒避席罢讲。（《太函集》）

239 巨珰出填郧都，得请征辰州香稻米入贡。郡守程廷策曰："是产五寨，若索之寨而郡输之，有苗怼缇骑启衅端不用命。"又言："考之食

禁，是米故作膨脝，藉令糁玉食进之，即有间无死所。"珰闻大恐，覆奏罢征。（《太函集》）

240 汝扬将生，其父梦朱衣鱼服一人排户入。年十二，卿云见里中，始入学舍。后山乔木千章，六龙见木末，蜿蜒而起。出塞，燌妖狐，夜自辰州赴武陵，途遇游龙伏虎，屏而退。既厌世，见天使奉简书来迎，市童卧病呻吟，见一皂衣迎使君者，呵喝索食，童惶急，又一皂衣者踵至，趣俱行，大呼曰："使君驾矣！"其时汝扬暝。汝扬所著又有《六都黔考》《三才萃见》《星官笔记》。（《太函集》）

241 汝扬妻党一少年，蛊于狐病，五年不解。梦汝扬坐大府掠狐数之，爽然。起语家人，祀汝扬，嗣后无恙。（《太函集》）

242 吴资深，字逢原，受学于从父兰皋。尝上曾祖《竹洲集》于朝，授国史编校。元江东道聘充南轩书院山长，不赴。号友梅，所著有《友梅集》《索笑集》。（《新安学系录》）

243 休宁吕佐，字西仑，号卓亭，工书。金鱼灿灿欲活，每自珍惜，不轻与人，然久久自多。其跋语积成数卷，题曰《在藻集》。（《画征录》）

244 邵韶，字子美，班政门人，登宋淳化三年壬辰孙何榜进士，历任大理评士。吴用先，字体中，长丰人，登明万历二十年壬辰翁正春榜进士，知临川县，升礼部主事，进郎中，升浙江参政。吴应琦，字景韩，长丰人，登明万历三十二年甲辰杨守勤榜进士，授太常寺博士。（《休宁旧志·选举志·进士》）

245 余邑吴素泉子为质家，于瓜渚出入不爽，锱铢千金可片诺任也。山东一学究贸布于染人，染人未偿也，学究迫欲归，吴子出橐中质之去矣。已收责于染人，尚饶五十金。吴子寄讯于学究，召之来，以计账未完核也，学究不报。逾二年，吴子乃封金属所亲还之。（《千一疏》）

246 户部奏各处土产应贡，注徽州莲心茶、马蹄鳖、清水鳗鲡。上特

洒翰蠲免，曰："使朱升乡里世世沾皇恩也。"（《翼运绩略》）

247 余邑南乡商山人，未三十辄夭死。今一村皆贫而庞眉者比比。吾乡人言富者每艳商山，余尝张目不答，徐笑曰："吾思吴怀贤，吾思吴闻礼。"怀贤天启时中书舍人，忤魏珰而死者也；闻礼，字去非，丙戌死于闽。（《寄园寄所寄》）

248 汪炳，字虎文，休宁旧墅人。其先人暨其兄俱官京兆，虎文又燕产也。少读书过目成诵，其兄既明为中翰，精四体书，是以虎文于书法特有家学焉。甲申以后，挈家南还，侨居武林。见朱修龄印谱即仿之，一捉铁笔即能度越其妙。再游维扬，遇程子穆倩，彼此出印谱相证，穆倩谈服，握其手曰："始吾自以为无逾者，今见子，则此事当与子分任之。"虎文笑曰："子既以此得名矣，吾又攘其美，吾不为也。"高镜庭酷嗜穆倩，一见虎文之作即过访，时盛暑，未及冠遽持其袂曰："几几乎交臂而失之，吾从此可无须程子矣！"虎文官浙中，遇徐子念芝于郑中丞座，念芝固浙名手，因即席间从虎文学焉。其所授，前有吴下扬敏来诸人。（《啸虹笔记》）

249 金继震，字长卿。母苏夫人举公夜梦雉入怀，明午免身，雷大作，因以命名。（《两洲集》）

250 尝阅庞遏姚氏所辑《宗谱纪略》，载其远祖司谏公咸。当宋高宗时，秦桧柄政，公上书言时事，不听，致仕归休宁之富洺潭。时桧党遍布东南，有戚属恃势驱放鹰犬，蹂践禾稼，姚氏家人不胜愤，斫其马足而曳捶之。桧闻之大怒，会岳忠武被祸，忠武母夫人姚氏为司谏远姑，桧遂诬其党逆，遣兵围司谏第。族之司谏夫人，庞遏村程氏女也，闻变亟投眢井，方怀妊弥月，有大蛛结网布井上，纵横遍焉，兵以为井中无人也。越日，程氏往收其尸，乃得之眢井，拯以出，诞生遗腹子。君平公幼育于母家，桧败归宗。今其族属数百人居庞遏里，皆君平公之裔胄也。夫贼桧气焰薰天，忠直者动辄得祸，姚氏事不见《宋史》，盖大奸擅国，其时之无辜被僇者不可胜纪也。（《吹影编》）

251　杨元晓，字汝毅，邑西板桥人。生而厚重谨饬，聪颖好学，幼则得闻性命之旨。际鼎革兵寇交讧，储蓄荡然，不得已负米吴越间，左图右史，手不释卷，犹然经生也。久之，念二亲春秋高，遂决归，依依膝下，愉婉承欢。父病两载，茶铛、药臼、厕牏，身自浣涤，久而益笃。甲寅秋，闽粤不轨之徒假滇黔逆焰蹯入吾郡，先生以母老疾卧床第，闭户独守，令家中远避山谷中，妇少、子幼弗顾也。兵燹之余苟可以怡颜承色者，竭蹶无倦容。殁而追远之怀，犹以为未尽。昆季四人，友爱无间。二亲殁，授徒里中，族彦瑞呈、景陶、尔韬、叔吉，比邻汪启我、施诚斋诸先生岁与讲习祠中。邑侯莲山、廖公颜其堂曰"松龄硕德"。盖实录也。（《语余漫录》）

252　汪中和，汉口人。少年代兄远戍贵州忽都匀。寇作中和所居堡，仅百人咸欲逃散，和仗剑叱之，众志始定。俄而寇突入，和坚立不去，骂曰："朝廷何负于尔，敢猖獗若此？"遂被害。（《名族志》）

253　俞子茂，镇禾川之三年，威惠孚洽四方。诸寨以次削平，独有符溪者既服复叛，反覆变诈百端，终不可化。茂一夕驻马龙溪桥，令诸军蓐食听命，逮二鼓乃指示所向，方黎明，至寨门外，分布士卒破寨，悉擒之，缚其渠魁，诛党恶数十人。余平民附寨而居者，纵遣还舍，猪羊鸡犬悉令认辨给还。民大欣悦，争持酒物献茂。一无所取，慰谕而遣之。凡二日，处置事定，乃归。俘馘在前，钲鼓在后，观者罗拜，举手以谓："积年凶恶之寇，一旦授首，非才智未易了此。"茂既还府，宾佐咸集，独留文学士数十人，列烛张宴，至夜分乃罢。坐中口占马上所得诗，众宾咸和，至次日乃缉成卷。（《新安文献志》）

254　孙亨，字时卿，草市人。天性孝谨，母病不解带数月。里有居讼，率居间为解。乡人斗，有矢创几死，怨家利其死，亨曰："奈何以醉饱之过，阱两人命？"为调饮食、医药，卒全活，而释其怨。见族属年已长无子，贫不能置妾，出金为买妾，卒生子。而里之待亨以举火者甚众。（《大鄣山人集》）

255　乡风，凡遇客至，列干果六盘加鸡子、点心等三盘，客所用无几，而东君已费一二星矣。闻邻邑乡风，用旨酒一瓯、鸡子二三枚以匙进之，容既醉饱而所费无多，且每月免办果核，此法甚善。（《居家必备》）

256 唐乾元中，道士龚栖霞抱道绝粒，栖于石门之岩。（《齐云山志》）

257 唐汪华在古城与其妻巡行山川、堵筑、险要，以修四塞之固。出入张一真珠伞为美观，一日天骤风，擎伞入云表，良久堕下，珠悉迸落草间，因生草缀珠，名"真珠伞"云。（《蓬栊夜话》）

258 松萝朝岚暮霭，顷刻万状，其聚散疏密处如棋局之变态。古松周匝凡三十里，皆虬枝龙干；山岩回合，梯磴逶迤；高卧凭萝，如在蓬莱仙境。山顶产茶，其色味清异，香沁口吻，盖地灵所致也。（《卧游杂纪》）

259 戴东原言有狐占居人家空屋中，与主人通言语，致馈遗，或互假器物，相安若比邻。一日，狐告主人曰："君别院有缢鬼多年矣。君近拆是屋，鬼无所栖，乃来与我争屋，时时现恶状，恐怖小儿女，已自可憎，又作祟使患寒热，尤不堪忍。某观道士劾鬼，君盍求之除此害。"主人果求得一符，焚于院中。俄暴风骤起，声轰然如雷霆。方骇愕间，闻屋瓦格格乱鸣，如数十人奔走践踏者，屋上呼曰："吾计大左，悔不及。顷神将下击鬼缚，而吾亦被驱，今别君去矣！"盖不忍其愤，急于一逞，未有不两败俱伤者。观于此，狐可为炯鉴。（《姑妄听之》）

260 商山吴寿祥，少敏悟，精于术数之学，言人之贫贱富贵、利不利，日后当然其言，往往多合。凡五行变化、吉凶祸福交错倚伏，理之所不可知，术家之所难言者，辄能条析其所以然。售其术于四方，士大夫皆乐与之游。（《吴文肃公集》）

261 李东阳，四岁能作大字，景皇召见，抱置膝上，赐上林珍果。六岁时，程敏政以神童同受知。英宗召见，过宫门不能度，上曰："书生脚短。"李曰："天子门高。"时御羞有蟹，上曰："螃蟹一身甲胄。"程曰："凤凰遍体文章。"李曰："蜘蛛满腹经纶。"上又曰："鹏翅高飞压风云于万里。"程曰："鳌头独占依日月于九霄。"李曰："龙颜端拱位天地之两

间。"上悦曰："他日一个宰相，一个翰林。"命皆廪于翰苑。(《坚瓠集》)

262 休宁吴衡，浙江商籍生员。乾隆乙酉乡试，榜发前一日，其家老仆夜卧忽醒，曰："相公中矣！"问何以知之，曰："老仆夜梦过土地祠，见土地神驾车将出，自锁其门，告我曰'向例省中有中式者，土地例当迎接，我现充此差，故将启行，汝主人即我所迎也。'"吴闻之心虽喜，终不信。已而榜发，果中第十六名。(《子不语》)

263 上召海宁举人查慎行、武进举人钱名世、长洲监生何焯、休宁监生汪灏于南书房，屡试诗及制举文，特赐焯、灏举人，明年一体会试。(《香祖笔记》)

264 洪武中，命儒臣朱升定"登祀斋戒礼"。(《春明梦余录》)

卷

五

265 黄智孙，字常甫，学者称为草窗先生，徽州休宁人，宋太府寺丞何之族孙也。幼颖异，举动不凡。既长，就学于家。年十四通诸经，弱冠游乡校，籍籍有声称，凡堂试、月书辄居诸老成之上。为文落笔顷刻数千言，尤喜谈兵，自谓取功名如囊中物，不足事也。时婺源和叔、文叔二滕公讲明理学，其先大夫璘、珙为徽国文公之高弟嫡嗣，学之有源委者也。先生往从之学，二公目其所质之文，曰："足下之取科第，持是以往，如合左券，翘足可待。"先生喜形于色。复曰："足下之才，而以是自画耶？"先生矍然良久，曰："某愚，志不出此，幸教之。"曰："理学之不明，时文障之也；义利之不明，功名害之也。"乃告以古人为己之学，与得乎家庭者，授之。先生于是慨然痛革故习，而以求道修身为务，虽遭疾恙，值寒暑未始一日辍。其探讨涵养之功，前进士程勿斋每称其信道之笃、践履之实以励及门之士。制干许山屋，亦谓其能变化气质，为不可及。景定甲子，始由郡庠贡京师入太学，即升上舍。时太学之士类以辞藻为工，时文相角，先生独用心于朱氏之学，同舍咸笑其迂，先生持之愈确，间择可以语者忠告开道之，从而化者亦颇众。丞相马公廷鸾素多其学行，将荐之于朝。是时，似道专国，贪风大肆，先生叹曰："时可仕乎？"乃谢病告归，杜门不出。远近士子从之游者，雾瀹云集。未几，宋鼎移矣，结茅于深山穷谷中，日与门生子弟讲明正学为事。时或高帽瘦笻，出入水云山月间，以自适；或啸咏于阒寥无人之境，以宣其抑郁之思。所著书有《易经要旨》十卷、《三传会要》三十卷、《草窗集》八卷、《四书讲义》二百篇，滕公和叔书传注、先生纂辑，折衷之力居多。（《新安学系录》）

266 婺源程松谷，从学于休阳草窗黄氏，明性理之说，遂成通儒。（《新安学系录》）

267 陈定宇从乡先生黄公常甫游，黄公之学出于星溪腾万菊先生，腾之先璘、珙伯仲皆为朱子高弟，故其所业益精深且醇正也。（《新安学系录》）

268 松谷与余同学于草窗黄先生之门。（《定宇先生文集》）

269 程桂岩，名恕，字以忠，后以字行，字忠卿，休宁富溪人。从黄草窗学，曹宏斋谓其敏颖过人，躬行可敬。所著有《桂岩集》，方虚谷称其学海一针元，自正词场，百喙不能鸣。（《新安学系录》）

270 昔丞相马公尝语泾曰："予向廉三学之士，诸生之有学、有守者，莫常甫若也。盖其学之博，而不为当世浮靡之习，守之确而不为随时污下之举。惜乎！欲一试而不果也。"（《宏斋五笔》）

271 常甫操履笃实，议论纯正，非惟同门之所敬，推诚州里之杰出而颖脱者也。明德谓能固守紫阳之传而不失者，于常甫见之，非不试而为之言也。（《归田集》）

卓按：草窗先生受业于星溪，亲承子朱子之学；下启来者，如陈定宇、程松谷、黄求心、程桂岩皆其高足。当时马廷鸾、程勿庵、许月山、曹宏斋、程苟轩诸儒极推尊之，见诸家文集中可据。邑志不载于硕儒，而诸列传中并逸其姓字，邑有大儒不能表彰之，任其湮没不得并祀诸儒可乎？邑志又安足取信当世哉？间尝念生紫阳之乡，其前贤往哲有可考者，不殚搜罗之，成《休宁学嫡辨》一书，惜无力付梓，不能就正有道，为可叹也！

272 吴求，初名伇，字彦侣，休宁人。能诗，善画人物，学仇英，似之。所作《豳风图》《十饮图》，思致隽迈，并堪垂久。每一稿成，举国仿效，假名以赡厚利求，怡然不怪也，人服其雅度。（《画征录》）

273 吴正，字项臣，求之子也。能世家学，兼长黄要叔花鸟法，庶几神韵如生。惜早世，未大就耳。（《画征录》）

274 休宁物产之美者，有爆竹、相思鸟、桃花鱼、地蚕、青螺、山药、枣脯、雪酒、汤包、膝膪面、黄烘糕、蔴片糖、干萝葡丝、各种糖果，隆阜绅绢灯。（《江南纪实》。茶墨已载县志）

275 程瞳，字启曒，号练江，又号莪山。生有美质，早年即闻道，至晚年苦心著述，与汪仁峰为道义交，往还辩论弗明弗拮。当王学盛行之时，独得程朱正传，表章先正，程篁墩著《道一编》，谓朱陆早异晚同，先生深以为非。后见阳明《传习录》与《朱子晚年定论》二书，又极力辨别其讹谬。而折衷以圣贤之论议曰《传习录考》《朱子晚年定论考》。陈清澜一见其书，即喟然叹曰："斯世也，而有斯人耶！斯世而有众醉独醒、无偏无党之士如我山者，何处得来耶？其主意正矣、用心勤矣、卫道严矣，有功朱子矣！"盖陈清澜有《学蔀通辨》一书，严辟陆王，先生未见其书而著述若合符节。先生在正嘉之际可谓狂澜砥柱，独立不惧者矣。所著又有《程氏遗范订补》《程氏统宗谱辨考》。（《紫阳书院志》）

276 上求允臧所营建宫殿，朱升奏曰："主一家一国者，以一家一国为方隅；君临天下者，以天下为方隅。今天下一家，其以天下形势论之，必得四国攸同，居重驭轻之地可也。"上问曰："取何朝对？"升曰："谁敢对？自有天对。"上又于扞定殿中密瘗金钱，以土覆之，试问群臣，升以手杖筌起金钱曰："万年大宝在此！"上大悦曰："是何先得我心也！"宫殿告成，升书"日月光天德，山河壮帝居"联对进献。（《翼运绩略》）

277 休宁汪进士，接宋时人任昆山令，墓在小东门外瑀琅乡，年久址无可考，子孙每值春秋期，惟于瑀琅左近行祭奠礼。乾隆甲子，有少年锄禾田间，忽见峨冠博带昂然而来，少年惊伏地，其人曰："毋恐，我宋进士汪某也，墓在此，烦寄语家人。"少年起视，倏不见，奔告汪氏，引至其处，掘之，果有墓碣，乃筑土封树，勒碑纪其事。（《秋灯丛话》）

278 邑人汪云从，藏有彦卿《雪溪渔父》，卷长三尺许，特胜常作，汪因此自号"雪溪金检校尚宝"。仲铦亦藏有山水一轴，与灝老所藏同，皆绢写。吾家旧藏胡廷晖绢临李成山水一长卷、纸写《溪山野艇》一轴，品与彦卿同，大抵不高旷而近熟，今皆失矣。（《东图玄览》）

279 吴可晋妇金氏，汪溪金仲鹤女。自幼寡言笑，《女孝经》《七诫》《小学》诸书辄诵辄通，时时记忆古昔贤淑节烈事。后归可晋。可晋修业外舍，茗液、果饼以时供，即丙夜不废。每休沐归，必问程课几何，絮语勖之。姑程寝疾，朝夕侍，馈粥必亲、汤药必尝，姑欢。病转甚，吁天请代，已割股和糜进，中外啧啧孝之。（《荪堂集》）

280 唐刺史程谏，字仲几。开元进士，选蓝田尉，累迁著作郎、大理司直、汾州巡官，入为卫尉卿、京兆少尹，终于密州刺史。所莅并有政绩。（《休宁旧志·宦业》）

281 汪无心始业儒，既而连不得志于有司，因弃去帖括，尽发古人书流览咀玩。潜心撰述，焦神敝思者几三十年，生平所著有《尺一卮言》《吹剑集》《吹万集》诸书。（《两洲集》）

282 洋湖汪从事与临溪吴处士善。从事女幼许处士第五子曰文裒，所善客摄謇修①焉。从事官岳州，载女俱往，日授《列女传》。从事罢归，则与故所善客有隙，谗者谓处士急所善客而后公，从事不平，面客，让处士往："吾直以片言予女，彼安得要我盟，即渝盟，诸责何讨？"女方从母绩，起立堂，背而声言："大人失言，盟可渝，宗庙可无享？"从事心壮女。客退，佯诘之："父与翁孰亲，而独不能为父地？"女拊身徐应曰："非敢为父地也，父之教也！"是处士请期。从事廉而贫，客楚久，既得请于楚，期以八月戊戌逆女。先月，文裒病溲，法在不治，女闻而谒母："请往省之，幸而弥留，愿及一面而诀。"母呵止女："安得此不祥言！"月之壬辰，讣中夜至质明。女衰服见，力请临丧，父党交沮之，女持大义不可。同里孙生为中表兄，自梱【阃】外通名陈不可状，女曰："兄国子生耶，彝伦谓何？"父老叔弁后至，屏众咻而面质之。女正色曰："能行，我则死吾家；不行，则死吾室。等死，室不贤于家。"叔弁乃挥群党出，赞曰："女行乎哉！志决矣！"于是入房阴系组八尺，出而拜父母及门内亲，乃就道至丧殡，焚香而奠。姑执手逆之。拜姑毕，遍拜诸姒姑。周视房，洒然自失，问之故曰："吾尝梦及此者三，琴瑟咸在，得交梨一中分之，觉，占其不终，因矢死者三年矣。"姑闻之恸，女善慰姑："即儿亡，妇在犹儿在也。"暮扶姑，即次痛哭数声，满堂为之尽哀。女信宿，绝粒夕飧，至亟屏之，歃泉二杯曰："足以沃吾心。"烛至，则请就寝室，保母宣

——————————

① 謇修：古良媒之称。謇修，传说中伏羲氏之臣，古贤者。《楚辞·离骚》："解佩缬以结言兮，吾令謇修以为理。"王逸注："謇修，伏羲氏之臣也……言己既见宓妃，则解我佩带之玉，以结言语，使古贤謇修而为媒理也。"按《文选》刘良注："令謇修为媒以通辞理也。"旧时因称媒人为"謇修"。徐氏所引《太函集》原文为："明年丙寅，烈女生，所善客摄謇修以婚姻请，从事敬诺，遂结二姓之成。"

言曰："若殆依依姑息耶，是速吾以不令终也。今未及结缡白首，何待死必矣？独丧未及，举穴未及，临吾姑待之异日者，相从得正而终，乃足吾事。"保母出，女阖寝门，屏息尸居，闻寝外蹑履声，宣言如响者三，保母以女仆退，信其无他。中夜，屋震极者三声，若涛起，举室惊视火光，隐隐烛天，启门视之，则自经矣。盖春秋十有七云。（《太函集》）

283 刘卫卿，南街人。博识古篆，刀笔古朴。（《啸虹笔记》）

284 东山公垂髫，里中有二执友，其一因投荒过家，其一以磨勘需调，皆栖栖桑榆犹恋鸡骨者。一日同访公，见庭下有锯匠解木，因以命题，公口占绝句曰："一条黑路两人忙，傍晚相看鬓有霜。你去我来何日了，亏他扯拽过时光。"二执友知诗意讽己也，相与感叹而去。《东山公集》此诗未载。（《寄园寄所寄》）

285 汪芳谷、芳野兄弟，石宾先生之子也。秉先生之教，孝友惇笃，为乡党、闾里所矜式。芳谷秉家政卖药于村西市中，而芳野则悬壶于村东二十里之外。每归过其门，例不入，必西走至兄处，以一月或两月所得谢金原封尽付其兄，兄为之沽酒欢酌，同衾共宿者一宵，明日至家，率以为常，不失尺寸。老则敕付家事，勿复相关，怡怡一堂，殁则同穴。余尝大书榜其楹曰："学衍知能，大业犹存；还古教申，孝弟真修。"独著《石田》，盖实录也。（《语余漫录》）

286 安徽多蛟患。休宁县有上下临溪村，皆吴姓聚族而居。己酉某月山中起蛟，一时雷电晦暝，水高丈余。下临溪村数百家坍坏殆尽，伤人畜无算；上临溪村在对岸，屋舍俨然，无一人伤者。庞遄村姚氏距临溪村数里，水至四五尺，既退，室中淤泥积至尺许，粪除数日不能尽。尝诵放翁"苍岩溅落来蛟飞"句，横决之患如亲见之。（《吹影编》）

287 余里子鼓山氏，为质剂于芜阴。美姿容，重然诺，结交倾海内，四方之士毕归之。尝以五月竞渡龙舟，伟衣冠，凌波上，若然江心立赤帜，十往十得之。于时，中常侍与部使者、邑令饮江滨，望见，引入座与饮酒，交欢甚，时人异之。已倭奴五十徒犯南京，京师戒严，走芜湖，杀掠无数。既薄鼓山氏舍，帅阛阓左右，乘屋奋击，获倭二余，悉遁。上首功监军，监军大嘉之，鼓山氏深避不受赏。事竣，会景王之国，从行宫竖所过，骂詈台省、鞭挞有司以为常。芜令孰视城中豪少年无如鼓山氏，乃属为令迎驾江上。鼓山氏谓："丈夫即为真，何以假为？"具威仪，坐堂皇，约束隶行棰楚，视令有加，乃先出。后五觐王，王目送之，已款礼。诸宦竖悉飯，意天下有的然好美男子如令者乎，戢随从无哗芜阴者凡三日。及王出境，乃罢。令设宴谢，与分庭抗礼，邑人以为异。（《千一疏》）

288 休宁县苔形似山药，有数倍大，呼苔者，俗称耳。（《江南纪实》）

289 汪朴，字素公，休宁人。善山水，得元人疏散之致，能鉴别古尊罍彝鼎、金石古文及名人书画。性至孝，父失明，朴舌舐三年，遂复明，至行追古人矣。（《画征录》）

290 施处士，名璜，字虹玉，休宁人。少即有为圣贤之志；稍长，作《思诚录》胪存心行事，读书接人吐论为目，体认于彝常以及礼乐兵刑、安危治乱之大，靡不研究其极。汪星溪手录《紫阳会规》授之，遂司会事四十余年。初先生好学，明体达用，辄不自是，闻四方有名贤，徒步千里考论同异。过梁溪访高汇旃，主东林讲席；过宛溪请施侍讲诘对，累日夜；应聘金陵，与孝感相国熊文端公论学，尤相契。尝上文端书曰："《学统》，闲道之书也。颜、曾、思、孟、周、程、朱八子既为正统，象山、姚江为杂统，则学官配位宜升祔周、程、朱与颜、曾、思、孟并列，而黜陆、王，则邪正是非明，而学术定矣。"文端再相，又贻书曰："国家岁漕东南，粟输京师，费累巨万，如使畿甸及中州、山东西相水利以兴稻田，则数百万之众可取之如反掌也。"又尝襆被谒孔林，升阙里之堂，观古乐器，欣然忘疲。及归，不复出，以振兴讲坛、接引后学为己任。其重茸紫阳，改凭虚阁为道原堂，撤像易主，定左右从祀，一切多与敬庵指画焉。事亲最孝，在金陵闻母疾，心动，倍道而归。所著《诚斋问答》《性理发明》，《易》《书》《诗》《四书》《太极图》《西铭》绎注，《五经臆说》，订《学庸或问》《辨学汇言》《四礼要规》《新安塾讲录》《紫阳通志续录》。其《五子近思录发明》《小学发明》二书，海内尤争相传诵。称为"诚斋先生"。没后，大中丞张清恪公檄行无锡县，与敬庵同祀东林

书院。(《紫阳书院志》)

291 咸淳间，有从南康郡庠诵兰皋讲篇者，叶候阊闻之，不胜敬叹，特致书弊【币】，聘为白鹿洞书院堂长，不赴。未几，南土军兴，羽檄交驰于道，兰皋乃有厌世意，所居艺兰以自况，嗜为诗。丞相程公元凤、修撰吕公午、吏部方公岳、史君方公回皆亟称之诗集，外著有讲义若干篇。(《新安学系录》)

292 竹洲先生以文章、行义，惊动一世，岂无有能继其家声者？近岁友梅以诗鸣，实先生曾孙。今兰皋，又先生之孙。吴氏，世不乏贤矣。(《竹坡集》)

293 宋太学生孙嵩，国亡归隐，杜门赋咏，锻苦炼枯、凄断沦绝，以寄其没世无涯之悲。婺源汪古逸从之游，亦善为诗。巴西邓善之与孙公有世契，宪江东日，行部休宁，求孙公，已捐馆，因得古逸所作赋一篇及他文，曰："此柳子厚之笔也。"(《赵东山集》)

294 方乐莘司马，邑之珊溪人。初生时，其母王夫人梦有吉云篆成"鼎"字，遂名以命之。(《集虚斋文》)

295 宋吴曰起，庄敏之从子也。咸淳进士，累授带御器械，换文知淮安州，转拱卫大夫、吉州刺史、右领军卫、上将军、真州节制、休宁县开国男，食邑三百户。(《休宁旧志·官业》)

296 陈定宇《书兰亭后》云："王逸少，晋人才之杰出者耶！一时宗尚老庄，清谈无实，独论建识时务，且尝沮桓温请迁都之议，斯人不多见也。此篇以一死生齐彭殇为诞妄，盖辟庄周，矫流俗，不但文字之工而已，此实右军知己。前此诸贤，但知尚其书而已。然后知士未尝无知己，但有古今先后之殊耳。右军有灵，当亦慰矣。"(《应庵随录》)

297 丁海仙之间右汪东禺独子，痘而险，群医具在，流属诸族，丁瑞主之。瑞语东禺："吾党之技单矣。公所不能致者，惟吾族瓒一人，其人骛大言，近于吊诡，然多奇中，吾党不啻三舍避之。公能躬逆之，当来第，先避吾党，无令谓吾党既困而后急之也，彼终不留。"于是，东禺逆之酒家，群医悉屏。屏后，瓒仰屋而视："疾固无虞。藉令先一日期，庶无害视，乃今眇一目矣。"问何方，曰："异攻散倍加附子、姜桂。"瑞跃而出，曰："然，吾亦思出此，独持两端，待子之来，惟子决之尔。"瓒言："病者，药力周，中夜当剧，鸡鸣乃平。"一如其言。(《太函集》)

298 休宁以墨名家，无论数十百种。其善者，行之四方，宝若球琅，而赝冒亦复令人呕吐，大都唾拾套袭、玉外絮中，识者嗤之，于真品无当也。近日吴叔大氏后起而洗之，法准古、范准今，膏采之桐、胶采之广，潦以金屑、芬以冰麝，因以为一螺，为万杵，试之砚，则翕然有光，映于日，则云霞交起。其最上者，颜曰"天琛"，曰"同文"。(《两洲集》)

299 北京前门关夫子签，灵异不胜记。休宁汪太史楫出使琉球，往时仅三昼夜，遂抵其国。盖御书"中山世土"四字赐琉球王尚贞者，在船也。及返时波涛万状，旷日迟久。然有乌鸦千余夜绕樯帆，船破数尺，又有巨鱼塞其缺处不漏。封君太翁生伯七旬诞，琉球君臣预撰序文、制松竹诗、书锦屏寄祝。是年元旦，太史同其三郎前门关帝卜签，俱得"一纸官书火急催，轻舟东下浪如雷。虽然目下多惊险，保汝平安去复回"之诗，当时骇而不解。越数月使命下，副使林中翰石莱曰："事有前定，余元旦得关夫子签乃'一纸官书火急催'也。"太史亦述己签，互相叹异。三郎亦随父渡海归。(《啸虹笔记》)

300 休宁吴克敏，为元义兵万户，保关岭，兵败，题诗扎溪石壁云："怪石有痕龙已去，落花无语鸟空啼。"遂自刎。死后，孔从善为足成一律云："万里西风起马蹄，金戈回首塞云低。未为豫让先亡赵，欲学田单独下齐。怪石有痕龙已去，落花无语鸟空啼。至今天与英雄恨，呜咽泉声下扎溪。"(《尧山外纪》)

301 汪文言，祖居车田，与余旧墅相去三里许。父老尝谓："世议文言非正人。"余诘之，以出身吏书对。余曰："三杨宰相，亦有以吏显者，顾问其人何如耳？文言护杨、左，触权珰，惨刑至死不悔。如若言触魏珰

者非正人，将附和魏珰者为正人乎？"（《寄园寄所寄》）

302 朱绣，字彩章，号笉村，休宁人，家濡须。山水传其家学，兼善花草，得南田生法。好游览，所至佳山水辄有图。尝独游黄山，挟策踞莲花峰顶，作《黄山全图》，亦韵事也。每入深山见异花，貌之，故所画花卉人多不识。（《画征录》）

303 濠州李济降，上往濠梁省陵墓，命朱升撰定尊崇之礼，重加修饰。（《翼运绩略》）

304 任仲琳，仕后汉御史中丞，晚隐齐云。（《名族志》）

305 田家妇用青布裹竹，圈子为笠穴，其中以露髻。（《双溪杂记》）

306 戴鸣凤，字汝仪，别号岐南，隆阜人。幼治诗，从同邑何侍御之学。随父霍邱，遂占籍，县郡俱首名为弟子员。时霍邱令燕中李君以进士贵倨，治敢行，少蕴籍，士人庭谒辄跪伏，鸣凤独长揖，比言事崇论竑议，不避令目摄之，诇鸣凤阴事有可以伤者，鸣凤卒坚正不屈，久之，令知无他，遂成知故。三试南都见蹝，因入太学，历比部事，未满者三日，家人以嫡母疾报，立夜往比部请告，比部公等语曰："三日当即移檄，谒选铨部，生何不须臾留？"鸣凤泣曰："古人一日之养不以三公易，凤奈何以三日而缓母之见乎？"比部公嗟叹良久，都人士多其质孝，为诗歌诵之。辟雍推上，又不售，归筑别业，奉父母欢。值谒选，以父老不赴。数载，父没，服除乃上，谒选授光禄寺监事，又以母老谢不赴。母自言老人无恙，勉其行署。贮例给内侍，有中贵索醢酝势薰燎抑逆人，莫敢谁何。鸣凤一切裁之，法中贵，气夺路。公暨当道，大伟之上于朝荐，足当清举。寻念母老，谢事归。所著诗稿二卷。（《大鄁山人集》）

307 丁云鹏，曾画黄山总图，烟云幻化、墨沈淋漓，今藏曹子实可家。云鹏尝谒紫柏、憨山两大师，以本分激厉，颇知向往。慈光寺创兴，力为护法，时聆普门开导，晚年更栖心禅观焉。（《黄山志》）

308 明僧无有，不知何许人，隐独耸峰，但食松柏藜藿，绝火食。（《齐云山志》）

309 陈志铉，字纯侯，号谨斋，陈村人。事亲孝，养寡姊甚厚，姊亡，尽力上请旌其节。在里，岁以米平粜，建陈氏宗祠，置祀田，倡修邑乡贤祠。其村南有巨溪，道达婺源，而溪涨为患，谨斋造舟设义渡，置田以供其费。少时，遇术者言谨斋五十三岁死，后寿至七十八乃没，人谓其修善延也。（《惜抱轩文集》）

310 汪松寿，字正心，石田人。仕为绍庆路学教授，所著有《姚江集》及《汪氏渊源录》十卷。（《新安文献志》）

311 程忠壮故宅汇为湖，时有巨鱼出没，人不敢取。天气清晏时，见宫室其下。（《篁墩集》）

312 吾乡人寄籍他郡，多不思归，水源木本置之膜外。朱夫子《对月思故山夜景》一诗曰："沉沉新秋夜，凉月满荆扉。露泣凝余彩，川明澄素晖。中林竹树映，疏星河汉稀。此夕情无限，故园何日归？"观此，则文公念念之不忘新安可知，凡我携家迁徙他郡，不可不存此意。（《藜床呓语》）

313 常熟向有官儒户，田多诡寄，弊窦百出。雍正二年，奉旨汰去，而一二奸胥辈私以汪宫赞应铨出名投牒县令，冀免革去故事。官批讼牒，必以朱笔点讼者姓名，其人或系缙绅，则用圈焉。时县令为喻宗梿，误以笔点汪名，汪闻大怒，作诗一绝云："八尺桃笙卧暑风，喧传名挂县名东。自从玉座标题后，又得琴堂一点红。"（《柳南随笔》）

314 松萝十里连峙，特起一峰为天葆山，一名天葆岩。吴下周幼海天球、歙人王仲房寅、邑人詹东图景凤登眺，以诗纪游。僧元素能诗善奕，多与时贤为方外交。（《海阳山水志》）

315 程智，字子尚，号云庄，休宁人。不喜举子业，读《易》有省，

徒步至河南谒伏羲陵。崇祯间，来吴讲学，从游甚众。卒葬阳山。(《长洲县志》)

316 程羽文，原名佐，字荩臣，号葵园，又号练江书禅，休宁由溪人，前诸生，著有《清闲供由溪纪事》等卷。荩臣博洽经史，兼通韬略。前崇祯十六年，流贼渐迫，江南抚按檄各郡县，令乡屯家自为守。各乡奉行，吾乡不得不行，群议负文名而娴武略者惟荩臣，当奉之先生，承府县委牌，力任团练防守。吾乡得免荼毒，以待升平，先生筹画之力也。(《程氏所见诗钞》)

卷六

317 安蔬老人者，姓汪氏，字昭子，居双溪，名儒鹤屿先生之孙。少好学，所至无不折节愿交。又能自得师，故见闻日益广。无何天倾地拆。老人年方三十一，且戢其桓矫之气，匿影村塾，不与衣冠会，以训蒙为生涯。如无可方先生、勿斋徐先生、天如张先生素所交欢，亦皆谢绝之。安我布蔬，故自号安蔬老人。年九十余，视履不少衰。独坐一室则手不释卷，风和日暖时，缓行豸山练水间，颇寄情于吟咏。间作小画自娱，皆不假修饰而天趣洋溢，然不自爱惜，存者十不得一二。客至，烹茗煮蔬、沽酒清言，终日不知老之将至也。(《语余漫录》)

318 往年，吾邦部使者邀至程君达原来临汝书院，为诸生讲说朱子之学。达原父之为人，少所许可，时澄方弱冠，数数及门。(《草庐支言》)

319 仆不肖，少获事徽庵程先生，知双峰之学为详。盖二先生之志同，其造诣亦同。(《雪楼文集》)

320 徽庵程公以考亭之学，从部使者之请，来为之师。游其门而甚知名者，故司徒楚国程文宪公钜夫、故翰林学士吴文正公澄其人也。(《道园学古录》)

321 罗氏妓四者，与余家从事善，私出聘金归，其妈归之。归而从事被诬以杀人罪，抵死诉冤。郡邑监司且十年狱，辞弥坚。会直指使者从江来，罗氏乃油纸裹其状，束发上，而乘小舟叩使者舷，大呼诉冤。使者卷帘视，麾之，辄自投于江，使者属泅人出之，不死，下司理得平反。罗氏竟以从事归。从事子早夭，举一孙，罗氏教之管弦、度新声，供从事老死。(《千一疏》)

322 金正希先生出游，遇绝壁，下临无底，辄忙目俯视，足三分出外，旁观者股战，公曰："吾炼心耳。"(《寄园寄所寄》)

323 大兵入徽，乡勇中有邵千斤及面粿时，皆千夫敌也。战于高枧桥，面粿时深入，邵千斤力奋双刀救之。人马辟易已得时，将共返，时曰："何不乘势再入？"会黄劬庵领兵来，横截之，遂皆死。乡勇死者无

算。（《翠谷私笔》）

324 赵时朗，字天醉，旧市人。书画入妙，篆学师南街刘卫卿，刀笔苍健严紧。（《啸虹笔记》）

325 吴裕，字克宽，黄茅人。登成化十四年进士，授山东曹州知州。遭母丧，服除，改河南光州。莅政严明，吏畏民爱，以疾卒于官。（《休宁旧志·官业》）

326 詹起，流塘人。正德中，饶源贼薄县界，县令唐君急募良家子入行间。当时起六十，独持矛应募。令募富民给军储，起出千金饷士，于是豪杰响应，贼遂却，保境内完。（《太函集》）

327 刘潜，字汝湖，邑之水南人。居常爱竹，无问家居、逆旅辄手植数本自娱，故别号邻竹。童年失怙，以母病觅蔬，失路号泣，遇巨人授蔬指归，事甚奇，里党争以孝孺目之。（《两洲集》）

328 程存，字伯顺，号澹成，桂岩之子。师定宇，所著有《太极图说》，枫林亟称之。又有《易说》《论语说》《读书漫录》《澹成集》。（《新安学系录》）

329 程功，字又鸿，号柯亭，休宁人。举孝廉，屡困南宫，遂不仕。善山水，有奇气，非近日之新安派比也。尝作《白岳图卷》，峰峦林壑，寺观村坞径术纡回，桥渡往来井井有致，而笔墨复能脱去时习，故足贵耳。能诗，有《千竿草堂集》。（《画征录》）

330 洪武元年，上登钟山，词臣扈从。于拥翠亭给笔札，即景赋诗，朱升亦与焉。（《翼运绩略》）

331 顺治丙戌间，山寇大起。所在焚劫一日，寇千余人屯于闾左，强胁为质。陈君惟晦以食指众不能避，乃闭家人于空室，而独立门外。人曰："子盍避诸？"惟晦曰："吾何避？吾父兄以孤寡畀我，有死以告无罪

耳。"于是潸然泣下。人亦泣曰："子今之古人也，吾知免矣。"果竟获免。(《庭范纪略》)

卓按：本文凡称名处，皆曰家君，彼称其先人宜耳。若照本文录入，则是欲表其行，反掩其名矣。易以姓字，庶览者易知耳。

332 休宁有巨石，状如牛。岁旱，涂其背则雨。(《续太平广记》)

333 汪家珪，字华璋，别字问松，世居休宁西乡之玉田。父志麟以岁进士司训处州之龙泉，问松随往，奉侍晨夕。不二年，司训公弃养，君麻衣擗踊，扶柩归。山溪高峻，洪水举发，棺几漂没，问松誓以身殉，号呼援救，仅而得免。姊适朱懋新而寡，一子二女，困不能支，问松迎养于家，婚嫁其子女。少受业于洪先生曰文，亡后，妻子贫乏，不能自存，君月馈廪饩；其子不安，跳身独走，久不归省，母念之不置，问松迹之吴中，落魄甚，予金为治装，得归。内外缌功之亲暨族属无服者几数十百人，婚孤子、嫁遗息、椟新死、埋枯胔，众高其义。师儒将上其事于州郡，问松以死辞，乃止。(《道古堂集》)

334 汪璞，字文在，文仪之弟。始能言，即通《论语》《孝经》诸篇。塾师时，以训诂释义，其所发问皆中肯綮。七岁，知学作诗，多秀逸句。年二十，从孝廉汪之祯肄业龙湾，锐意猛进，日夜不息，遂得血症不起。所著有《天完子集》。(《语余漫录》)

335 余邑山中垦地者，得土穴长垂丈有物焉，状如鳅鳝。工人绳而系之，曳之行，折技鞭之，鞭辄有声。已置之浴盘，能鼓水，作吹沫状。因戏而置之池水，辄涌入，始骇，顷之水大涌，溃池上石栏坏墙而去，不知所在，始知其为蛰龙也。(《千一疏》)

336 赵端，字又吕，旧墅人。与叔时朗同师刘卫卿篆学，古朴浑雅。(《啸虹笔记》)

337 明吴于庭玙，休宁人。答闽人徐简简寄怀诗云："东风妆阁敞檐牙，春锁重扉树树花。自是王孙归未得，漫随芳草到天涯。"按：简简，字文漪，嘉兴人，玙小妻也。其寄怀诗云：“夹岸垂杨卷落花，春风咫尺是天涯。重门深锁楼中燕，独有王孙不在家。”（《渔矶漫钞》）

338　烈妇程氏，由溪程【姓】女。适商山吴闻喜，病消渴，奄床褥者数载，烈妇齐心呼祷。今春睹事势难为，誓损寿益夫，刲股疗疾。迨临纩绝，禀命立孤。绝粒弥旬不死，复吞金死。（《两洲集》）

339　休宁公车例有公宴，载在《全书》。程篁墩后十数科，本籍与席，而外籍不与。金正希先生复之。庚午、癸酉又废，黄仲霖再复之。本朝来外籍者，多未归里。辛卯，予自杭旋匆匆，公车未暇及此。甲午，予陈原委于张令尹天成，特设宴于县堂，宴毕，鼓吹送至东门桥。饯饮至今为例。（《寄园寄所寄》）

卓按：此典久已废弃，不但外籍，即本籍亦不复设。予生也晚，不获见当年之盛。尚望有心君子一为复之，庶足激劝来者。

340　汪海，字德宗，兖山人。尝渡京口，客遗金橐舟中，德宗留，无行，待亡金者至，验之合，举全橐归之，问姓名不告而去。客房村，谋什一利。会吕梁浸决，遣使者出治河，德宗策曰：“昔决宣房，即汉武且不治，是役也，恶能与水争功？浸假而决，吕梁房村潴矣。”于是改业而南，而房村竟为河。人多德宗策如陶朱公，去就审矣。兖山濒浙江而里水溢，卒病涉且害田庐，德宗筑堤捍之，甃石梁以济涉，里中人人德之。（《太函集》）

341　释一智，号石峰，休宁人。山水用笔亦疏爽可喜。（《画征录》）

342　程克绍，字成甫，休宁富溪人。师汪紫岩、方虚谷，荐为遂安县主簿，所著曰《傅岩集》。（《新安学系录》）

343　朱允升得六壬之奥。偶见友人案上置四合，戏谓：“君能射覆乎？中则奉之。”允升更索一合，书射语，亦合而置之，曰：“少俟则启。”适有借马者，友人令仆于后山牵驴应之。允升即令一时俱启，前四合皆鱼也。射语云：“一味鱼，两味鱼，其余都是鱼。前门来借马，后山

去牵驴。"宾主为之绝倒。(《尧山外纪》)

344 万历三十一年癸卯乡试中式：李经世，浙榜；吴正宗，长丰人，江南榜。三十四年丙午乡试中式：吴叔度，长丰人，江南榜。(《休宁旧志·选举》)

345 七月丙戌，上亲往援洪都，友谅东出鄱阳湖。丁亥，遇于康郎山。戊子、己丑、庚寅，大战。三胜之后，稍不利，为友谅所逼。朱允升谓都指挥使韩成曰："事急矣。"成答曰："如教。"升又进曰："贼尽国兵而来，众多粮少，不能持久。我师结营于南湖嘴，绝贼出入之路，待其粮尽力疲，进退两难，前后受敌，克之必矣。"上曰："我粮亦少。"升对曰："去此百里许，有建星、子昌、天保、刘椿四家蓄积稻粮，宜急去借，勿为贼先取也。"果得粮万余，六军皆呼万岁，欢声震动天地。(《翼运绩略》)

346 汪郊，字浚臣，号南野，休宁人，籍归安。读书目数行下，屡蹶场屋不得志，以荐起家莆田令。莆俗豪梗难治，君恩威并洽。会风潮陡作，沿海田亩尽没，浚臣首施数百缗，募人重建李长者堤，民得无恙。轻沙少年藏匿山谷，聚兵械习技角力，众至数百，或以告将弁，请发兵往捕。君方病寒嗽，取寸纸书数字，召其族长老，长老震恐，率其子弟捆束枪梧服阶下，叩头谢死罪，悉焚其兵，纵遣之。上官廉其能，晋汀州同知摄守事，摄漳州南胜同知，摄福清场务，治状为八闽第一。(《道古堂集》)

347 查道尝有僚卒女为人婢，道续之以嫁大族。(《续太平广记》)

348 康熙戊辰岁秋，休宁黄学荣，字文硕，诗极敏捷，将入都。过松郡，席间黄石牧先生索别诗，文硕请韵。唱一韵："删"，应声曰："竹林欢聚百愁删。"又唱："关意其难贯也"，曰："况复清秋月满关。"又唱："湾"，曰："露引草虫吟曲径，风吹渔笛度溪湾。"又唱："还意其方出字难用也"，曰："题诗此夕开尊坐，献赋何年夺锦还。"又唱："斑"，曰："一卷秉藜须努力，成名莫待二毛斑。"一坐叹为八叉才。(《渔矶漫钞》)

349 吴胜祖，字惟承，邑之苏圻人。幼短而肥，游学家塾，相者言儿面孔如鼓，寿止十五。里媪私语其母，母泣曰："不幸三世如线，即孺子无年，奈宗祐何？"久之，拮据。父、大父丧，家益中落。甫弱冠，谋行贾，尝循淮达吴会，附舟者盗之渠率，惟承不觉，比别告以姓名曰："感翁善视，某萑苻在夏港，异日者无忘，当引避。"后经其地，风逆，群舟遭劫掠，惟承如前呼者再，盗果散去，得独完。惟承敬事鬼神，最皈依者元帝，晨昏香火，曾不暂辍。渡扬子江，波涛汹涌，樯折楫亡，长年哗，势在不救，忽霾雾中现神人仗剑呵护，获济无恙。年至七十八。（《苏堂集》）

350 汪以涝，西门人。师刘卫卿篆学，秀爽精劲，尤工钟鼎。（《啸虹笔记》）

351 邑有孕妇卒，葬之乃产儿焉。其妇日入市中买饼饵，啖儿久之。饼饵家视其贸易金乃楮钱也，因尾之去，至墓所倏不见已。伫立移时，闻墓中儿啼声，走报其家，发之抱儿归，妇死如故，里人呼其子为鬼生。及其长也，大起家，以老寿终。（《千一疏》）

352 元末天下乱，赵东山逆知将绝食，遂预以芋和粉筑成砖形，砌墙于东山。其后大饥，饥民望烟火而来，东山先生取芋砖一片置沸汤中则羹，饥民赖以存活。后太祖兵至乏粮，先生曰："吾当助三日饷。"取砖与之。（《国宪家猷》）

353 王宗贤，邑之宣仁里人。居父丧，正寝其东偏灾，宗贤升屋而号，乃反风灭火。夜读丧礼，寇噪入卧内者十余曹，一苍头大呼，寇空手遁去。人谓："孝德所至，自有天幸。"（《太函集》）

354 烈妇金氏，古楼锦衣星耀公女也。归榆溪文学程九万为室。九万游学于苕霅，疾殁，讣至，烈妇矢不独生，夜即作柬付祝融，与文学誓偕穴，家人劝谏甚力，烈妇俱掊耳。因绝粒三十余日，日啜水浆数口，先日携继子至中庭曰："未亡人不能终事舅姑，以藐姑相累，有诸妯娌在，幸无过戚。"因恸哭拜别。复以父隔皖城,贻书诀别,公一见恸绝。及文学枢归,而烈妇闭阁殒矣。里中人目击饿殒,咸啧啧悲咽。(《两洲集》)

355 汪亮,字映辉,号采芝山人,柯亭孙女。幼丧父,聪颖好学,多艺能,留心典籍,善诗,尤好六法,私淑清晖老人。轻隽秀润,设色淡雅,其一种清逸之致,颇觉出尘自得。(《画征续录》)

356 叶大有,字谦甫,休宁洲阳千人。定宇云谦甫:"少从予游,迪以周、程、朱子渊源之学,其入也有悟门,其进也有实地,予心爱之。"(《新安学系录》)

357 宋吴仁,字和甫,大德八年举材能,为淘金百户。明朱如璋,字仲全,洪武二十六年举文学,授闽令。(《休宁旧志·选举》)

358 余尝与修《三礼》,同时休宁程中允恂为淹通经术之儒。(《道古堂集》)

359 范希旸,为南昌太守。先是府官,自王都院作势以来,跪拜俱在阶下,篷外风雨,不改。希旸欲复旧制,乃于陈都院初上任时,各官俱聚门外见,希旸且进且顾曰:"诸君今日随我行礼。"进至堂下,竟入篷内行礼。各官俱随而前,旧制遂复。希旸退至门外,与众官作礼而别,更不言及前事而散。(《续太平广志》)

360 允升先生馆临河程氏,教其子大,大为继母所苦,自缢。后允升梦大突入其室,适报生儿,因名之曰"同",且曰:"此儿必遭女祸。"寻于所居山前创草屋数十家,乡人怪之。允升曰:"车驾异日幸临,当休军于是。"丁酉秋,明兵下徽,高皇提兵过之,果休其下。临去,允升跪请曰:"臣有子同,后得全躯死,即臣幸大矣!"后同官至礼部侍郎,善诗翰,命题诗赐宫人,忽御沟中有流尸,上疑同挑之,将赐死,因念允升,请使自缢。盖允升所谓女祸也,其六壬精妙若此。(《稗史》)

361 吴氏,双溪人,嫔于石田汪公度。公度居积,为生计往来吴越间以为常，其后两载杳然音绝。吴氏时年二十五，遗孤八岁在襁褓中，所以求祈呼吁咨访者，无所不用其极，至于雁断燕绝，因泫然曰："吾何以报良人哉？拒饮投缳，烈也，非未亡人之义也。良人如线之绪，非藐诸孤乎？乌敢以慷慨绝粒，泉路相从，遂足以了我妇事乎？"于是屏膏去沐，绝迹户外，椎髻缟衣，惟养惟教，朝夕拮据，俱出十指间。子琳，字汉臣，遵例以知县录用，迎养维扬以天年终。（《语余漫录》）

362 予族子壁藏周彝敦，内有款文百余字，精妙甚生平见款之精，未有如此者。（《东图玄览》）

363 古城山下即予家旧墅村，新安各姓聚族而居，绝无一杂姓掺入者，其风最为近古。出入齿让，姓各有宗祠统之。岁时伏腊，一姓村中，千丁皆集，祭用文公家礼，彬彬合度。父老尝谓："新安有数种风俗，胜于他邑，千年之冢，不动一抔；千丁之族，未尝散处；千载之谱系，丝毫不紊；主仆之严，数十世不改，而宵小不敢肆焉。"（《寄园寄所寄》）

364 程永清，仙林人。商于闽，因艰嗣，取杨氏女为姜。女曰："吾生宦门，今乃远嫁。"涕泣不已。永清恻然遣还，聘礼不索，杨氏感之。（《名族志》）

365 金正希，精骑射，尤豪爽。负奇在山东道上，遥望响盗劫一孤客辎重，亟呼曰："疾去，吾在何敢尔！"其人不顾，肆掠自如，至则已尽，劫去远矣。正希随策马直前追数里许，依稀见盗影，亟呼如前，且搭弓示将放箭意，盗遑遽，舍所劫物遁去。正希乃勒马，迟后客至，将行李付还，一一不失。（《冷赏》）

366 万安街有妇孕将诞，忽死去，殓之，停柩野外。妇于柩内生一子，魂常往来城市买饼啖之。后好事者踪迹至其处，闻柩内有儿啼声，以告其家，启棺视之，则儿俨然生也。抱归育之，长而大富，人称为鬼生朝奉。（《耳新》）

卓按：此与《千一疏》所载互有详略，彼失记地名，此缺书楮钱，皆紧要者，故并登之，可以相证。

367 王宣子在上庠日，与程泰之善，暇日因及代言之体要，当温纯深厚，如训诰中语，始为王言，吾侪异时秉笔，当革近世磔裂之弊。二十年，复宣子帅潭，泰之以少逢摄外制，为词云："荆及衡阳，自北而南，十国为连，连有帅，地大民众，畴咨俾乂，厥惟艰哉！以尔有猷，有为有守，率自中宽而有制。刚而无虐，庸建尔于上游，藩辅往哉！惟钦惠困穷，若保赤子，明乃服命。若网在纲，有弗若于汝政，弗化于汝训，辟以止辟，乃辟则予一人。"汝嘉，且寓书于宣子曰："畴昔之约，今其践矣。"陈氏《耳择集》所载以为芮国器，非也。(《浩然斋雅谈》)

368 景德二年九月，命刑部侍郎资政殿学士王钦若、右司谏知制诰杨亿修历代君臣事迹，又取直史馆查道等同编修，凡九年至大中祥符六年，成一千卷上之，上览久之，赐名《册府元龟》。(《麟台故事》)

369 翰林朱学士允升，国初名儒也。一时制诰，多出其手。如于李韩公则曰："汉廷命相，萧何在曹参之前；唐室纪功，元龄居李靖之上。"于徐魏公则曰："繇自起兵濠上，先存捧日之心，逮兹定鼎江南，遂作擎天之柱。"于常鄂公则曰："冯异功不下于邓禹，潘美□无忝于曹彬。"于诚意伯刘公则曰："学贯天人，才兼文武，皆妙得其实。"今新编《皇明文衡》皆不收入，岂编时偶未之见耶？(《明廷杂记》)

370 程公信、白公圭偕赴春门，时入旅肆，其家忽锅鸣，二公以为不祥兆，遂出避之，锅声随至车数里而止。后二公继为大司马。(《水东记略》)

371 金肇銮，字羽阶，一字存斋。工书能文章，提笔就有司，不售即弃去。师厉樊榭以诗鸣，所著有《存斋集》行世。(《道古堂集》)

372 孙定之，草市人。幼，清相者觇其目露、唇张，法当夭。父母忧之甚："慎勿以儒术苦吾儿。"定之持之强："不儒宁独寿？儒则世业！"终不以年数故而废父书。卒就儒，誓将自我而光先世。既长纳妇汪，汪席故饶装甚具，其父母则以定之世儒而业滋落："慎勿以儒术困吾甥。"汪持之强："不儒何赖？儒则世业。"终不以中否故而令夫子卒废父书。于是相定之就儒，有故则脱装以佐其急用，是得娴于文。弱冠籍县诸生，博学多闻。所至西洛、盱江皆有著述，其持论必厚于道德，耻托空言。居尝书六戒置坐隅，作我箴以自检。尝言："为学顾躬行何如耳！尚口何为？"父母疾，终月不懈；居丧，毁瘠几灭。嘉靖中，诏鬻丛祠废业，境内骚动，睨者将及新安伯祠，定之卒抗有司而直之，几不免。尝独居，有奔女距之力。尝过三溪，丧资斧居停，主有所坐诬服，将鬻妻子偿之，定之谢曰："不然。坐者不必盗，盗者不必坐。"不问而行。甲子旱，定之仰天祝曰："幸即雨，吾其以此公里族饿人。"既雨，复其言无德色。道中见有负其子溺者，叹曰："是必重有责也。"曰："然。为偿其责活之。"尝渡淮，浮殍递至，乃出橐中金，募土人瘗之。初免父丧，逾年病几殆，人信唐举之言验矣。一夕梦神人言，而年数及矣，上帝多而阴德展二周星，既觉而忆其言，病旋已。徒旅从上都者皆疫，定之为文驱之，翌日乃瘳。出潞河中流，误中椿木，舟漏且溺，定之呼天而祷，乃脱而行。然定之小试辄高等，大试数奇卒，以廪贡起家，授永宁训导，乃进诸弟子知向方者，相与论心学而务圣功。会永宁饥，令困无策，定之为之上书所部，所部以闻，得赐民是年田租之三。居顷之，迁益府教授。王既以文行多教授礼视宾师，既引疾辞，不许，请急许之。王与约曰："君归一省故邱，寡人且召君矣。"比召至，先三月以天年终，年六十五。（《太函集》）

373 汪廷信，字中孚，黄石人。七岁而孤，童子时贫不能就师，常私习字画，书于手掌，见途有衣冠而儒者辄揖而致问焉。及长，能书寻尺大字，而雅好咏歌，迁居于里东沙园之金鱼墩。子伦光，字正序，生平好读《易》，别号"义学居士"，隐居不仕，闭户潜玩河洛宗旨，研究《素问》《青鸟》诸书，卓有实际。所著有《一经》《中经》《天伦堂规》贴于后。（《名族志》）

374 俗用末丽、珍珠、兰窨、茶暑、天瀹以薄荷，又染葛粉作小花饼点之。（《双溪杂记》）

375 谢恭，字文安，休宁泉源里人。知黄州府事，郡傍浮屠寺故大卧佛，谩言妇寝佛腹中有身，恭闻其事，故令倡宿其中，具得奸状，立上奏

毁寺。(《大鄣山人集》)

376 文殊院在天都、莲花两峰间，后拥玉屏峰，前有菩萨座趺坐，烟云无际，万峰出没足底。院为普门大师创，崇祯子丑间不戒于火，戊寅休宁汪之龙重建。(《黄山志》)

377 汪曦和，法名震元，号石户，休宁上资人。幼历艰苦。梦上真语曰："汝当大我山门，毋委靡差长。"偕徐秘元上京叩致一师，深探元旨。嘉靖壬辰祷应皇嗣，越戊戌膺敕山额，丙午钦主醮事以赞教，入觐升提点，颁印掌教。邑筑城，疫大作，大尹山泉林公请符水禁之，遂宁奉上命施药，所经处民告驱邪辄应。所著有《修真集》。(《齐云山志》)

378 休宁状元黄轩，自言作秀才时屡试高等。乙酉年上江学使梁瑶峰爱其才，以拔贡许之。临试之日，头晕目眩，握笔一字不能下，梁不得已以生员吴鹤龄代之。及榜出后，病乃霍然，从此灰心于功名，自望得一县佐州同官，心足矣。后三年竟连捷，以至廷试第一。而吴鹤龄远馆溧水，以伤寒病终，终于贡生。(《子不语》)

379 乾隆十有六年春，车驾巡幸江浙。休宁吴志鸿，字沁可，献赋行在，拔九人，志鸿与焉，授内阁中书舍人。志鸿长于小篆，工刻私印，好作诗。尝与予在圆明园直庐联句，赋冰茶数十韵，颇为好事者所传。(《潜研堂文集》)

380 程忠壮公自营兆域，祝曰："子孙能大吾门，当生大木。"既而生楮树，大且十围，后为风雨所偃，旁出二枝，宋时犹合抱云。(《篁墩诗集》)

381 程化龙，字禹门，率口人。康熙庚戌进士，历官刑部主事。当其占籍青浦，时命名以策，及澄江试归，梦中闻报捷人至，阅其喜帖悬于中堂，乃大书"程化龙"三字也，寤而不解其故。无何，江南奏销案起，以策以两许逋欠，亦呈误其中，新例奏销者不允再试。爰担簦至山右，适叔祖东庐以水部出守平阳，捐俸助之入雍，遂以化龙之名，己酉庚戌联捷而

成进士。(《藜床呓语》)

382 东夹溪在县之西，缘县治旧在凤湖之前洲，故名东夹溪，今沿旧称也。溪水出黄山。(《海阳山水志》)

卷

七

383 查士标，字二瞻，号梅壑散人，休宁人，前诸生。寻弃举子业，专事书画。家故饶裕，多鼎彝及宋元人真迹，遂精鉴别。画初学倪高士，后参以梅花道人董文敏笔法，用笔不多，惜墨如金，风神懒散，气韵荒寒，逸品也。见王石谷画，爱之，延至家，乞其泼墨，作云西、云林、大痴、仲圭四家笔法，盖有所取资也。晚年技益超迈，直窥元人之奥。尝作《狮子林册》，宋漫堂得之为快。年八十四卒于维扬，漫堂为立传并序行其诗。二瞻性疏懒嗜卧，或日晡而起，畏接宾客，盖有托而逃焉。先时有王额驸者贵，甚拥高赀，人冀一见不可得，三顾二瞻终不答，无何王败，人以是服其先见。生平无疾言危论，见后辈书画必奖誉之，故名高而人不忌。与同里孙逸、汪之瑞、释宏仁称四大家。书法纯学华亭，足乱真本。弟子何文煌，字昭夏，号竹坡，画笔超老，趾及踵矣，书亦得其法焉。（《画征录》）

卓按：天下分省分府县，一代一统之分名也。近日文士每喜称古名，如我休宁县必易曰海阳。海阳本名休阳，后以吴景帝讳休，遂改海阳，至晋武帝太康元年改海阳为海宁，隋开皇十八年改海宁为休宁，历朝因之。谓海阳二字古雅，喜称之，则休宁二字亦由来古矣，何尝不雅，而必不遵昭代之制，何哉？况广东有海阳县，休宁称海阳，著之于书，题之于画，不几混淆乎！名人多不简察，不知此处甚有关系，使后人循揽书册，不知某名属某地，所谓窜乱也。《画征录》于孙逸、汪之瑞等书休宁人，于查士标书海阳人，又称其为同里。四大家则士标为休宁人无疑，予见其笔墨颇多，查又为吾邑望族，今则人人知之。倘千百年后，海阳人见之曰吾邑人，休宁人见之亦曰吾邑人，不知将何所适从！《画录》既名曰"征"，何不足征乎？然他书称海阳者颇多，因读《画征录》而论之，订俗正误，尚有望于文章之大儒焉。

384 胡氏百石冲儒士胡世相女归吴怡为妇。怡客苕郡病死，讣至，号恸绝誓殉原下，赖家人环救得苏。复念藐孤在抱，缘是矢闺阃，足不逾阈，里中罕得睹其面者。孤明玠方授室，亦客殁西江，玠妻汪氏仅抱一女，两寡相对，矢不二庭。（《两洲集》）

385 王经天，溪头人。荐丁酉贤书，三任补栾城令。栾城处僻壤，时山东白莲贼起，朝京师者悉取道焉。民苦骚扰，经天力为裁革，供给一按

祖制，卒竟以此取忌。平居有志请缨。著《危辽射覆》，并《春秋传》《耐寒斋集》行世。（《名族志》）

386 程植，字仲本，号古愚，休宁汉口人。从定宇学，卒业枫林之门。定宇曰："仲本从予游，甚欲铸之使有成，不能点之使速化，其资不为敏，而其心则甚勤，立志良可嘉。"（《新安学系录》）

387 汪以淳，字禄水，号可庵，学者称为可庵先生。父正叔，由休宁移居汉阳。年十七，偶游孝昌，适督学锡山高汇旃先生按部德安，因应童子试得公卷，大奇之，置第一。孝昌故才薮，见可庵以异籍获售，哗之，及读试文，始低首。辛卯登贤书。戊戌始成进士，归承父母欢，溯源休宁展省先墓。癸卯谒选探策，得令定安。定安在岭海外，去京师万余里，烟瘴毒恶，非人所居，知者咸为可庵惧。可庵曰："治不易民，岂复择地？"邑固海徼黎岐之所出没，且新经兵燹，转徙流离，积逋尚两万余缗。可庵至，以保障为茧丝，以礼贤息争讼，定以大治。历年旧逋，期月立清，报政为天下最，天子嘉其治行，擢之铨曹。自以身亲黜陟之典，又感师相李坦园之言，饮冰茹蘖，尽涤诸蠹。己酉，复命督榷江浙，以恤商裕国为务。庚戌报政，入告胪列，疏请如冗务宜裁，重征宜杜，单费宜除，则例宜约，以病商因以病国，语语恫至，切中时弊。诏守前职，居部五年，两主大计，门无私谒。壬子宾兴，首简滇南典试，先以尽瘁成痨瘵矣，命甫下即具疏辞。未逾月竟卒，京邸一橐萧然，无以为敛。有《石芝堂稿》行世，《南游杂记》存于家云。（《语余漫录》）

388 白岳为邑名山，祀元君自宋始。嘉靖中，祠官致祷，下敕建宫，四方车马日至，有夤缘贵客借岳来游者，时烦应接，有司苦之。（《休宁旧志》）

389 汪纯，字扶摇。年十八为诸生，兼谈群业，于《春秋》经尤邃。谓金华宋氏之论："自元以上言《春秋》者凡五变，今则变益多，而其流愈下，爰是锐意传疏，左右采获，抉幽探微，虽宿儒莫敢抗手。"遭大父丧，容色贬瘁，呕血数升；丁所生忧，斋居庐墓，三年不入内。春秋讳日，素服上食，擗号孺恋，终身以为常。（《道古堂集》）

390 临溪有医家仆周英，跟其主抱药囊，后遂工医，阖邑敬焉，亦异人也。(《珊瑚纲》)

391 万历二十七年，休宁迎春，共台戏一百零九座。台戏用童子扮故事，饰以金珠缯彩，竞斗靡丽美观也。近来此风渐减，然游灯犹有台戏，以绸纱糊人马，皆能舞斗，较为夺目。邑东隆阜戴姓更甚，戏场奇巧壮丽，人马斗舞亦然。每年聚工制造，自正月迄十月方成，亦靡俗之流遗也。有劝以移此巨费以赈贫乏，则群笑为迂矣，或曰越国汪公神会，酬其保障功，不得不然。(《赵氏日记》)

392 诏翰林儒臣议定三年丧服，应奉奏曰："母怀耽十月，乳哺三年，该斩衰三年；父暂有腹育之恩，寝则处干推湿，该齐衰三年。"朱允升奏曰："父，天也；母，地也。地无天不生万物，人无父不生其身。止知有母，不知有父，非盛世礼也。"上命定父母皆斩衰三年。(《翼运绩略》)

393 休邑程相如白衣致赐蟒。一日，士夫设席相招，士夫欲诮相如，席有杨梅，士夫以杨梅行令，曰："杨梅杨梅，孔子与颜回；家无读书子，官从何处来？"相如令曰："梅杨梅杨，韩信与张良；将相本无种，男儿当自强。"士夫心服。(《今古奇异纪》)

394 程国胜死鄱阳之难，汪广洋应制赋诗挽之曰："黑云如阵压艨艟，血战消沉一代雄。铁马降灵忠愤在，金貂追爵圣恩隆。张巡节重凌烟上，纪信功高汗竹中。生气尚疑君不死，亘天终古作长虹。"(《殉身录》)

395 吾乡稻初成棵，常苦虫害，其形如蚕，而其色缥青，既食苗叶，又能吐丝，牵漫稻顶如蚕在簇然，稻之花穗皆不得伸，最为农害，俗呼"横虫"。案：唐韵蝗一音，横（去声），则俗呼为"横"，不为无本也。(《演繁露》)

396 胡少卿宥尝山居，比邻患虎，闻有夜号者，众屏息亡谁何。躬执炬启户视之，则一妪魅水田中，命仆掖归，赖不死。妪既免，尾妪后闻虎声。尝篝灯归里门，群盗荷戟当路，从者震慑将奔，乃自去篝秉烛，自照其面，进步自若，盗仆戟佯卧以过。（《太函集》）

397 汪之端，字无瑞，休宁人。气宇轩昂，豪迈自喜，土苴轩冕，有不可一世之概。善山水，以悬肘中锋运渴笔焦墨，多麻皮、荷叶等皴。爱作背面山，酒酣兴发，落笔如风雨骤至，终日可得数十幅，兴尽僵卧，或屡日不起。非其人，望望然去之，虽多金不屑也。尝言："画能疏能密，有奇有正，方为好手。"又曰："厚不因多，薄不因少。"皆画家名言。字学李北海，生劲可喜。（《画征录》）

398 李节妇，名瑛，字道韫，邑处士李功【公】甫敏女也。处士能诗，名噪郡邑间。节妇幼读书，通大义，年十七归儒士叶沧。未浃岁，沧卒。节妇矢欲殉，念貌孤在焉，强视含殓毕，窀穸为营，虚圹以待，识者已觇，妇有《柏舟》，烈矣。未几，孤骤殒，节妇拊膺恸悼哽绝，而苏者屡复念二叔稚未婚，两尊人年高有疾，因屏铅华坐闺中，内外罕觏其面。翁姑殁，襄事如礼。人谓妇微独奇节，其贤故希有也。节妇性耽经史，日阅古今典籍自娱。里女有就学者为称引《孝经》，内则及诸名媛相告诫，婢僮保女凤仙者侍左右。有年才有家，而夫倍依依，节妇不忍更适。里党诧谓："女奴坚贞乃尔，则所薰被远矣。"年及耋耄而卒。（《两洲集》）

399 吴布衣拭，字去尘，居休宁之商山。宗族多富人，去尘独好读书鼓琴，布衣芒鞋寥然自异。轻财结客，好游名山水，从曹能始自楚之黔，览胜搜奇，归携一编以夸示里人，里人争目笑之。仿易水法制墨，遇通人文士，倒囊相赠，富家翁厚价购之，辄大笑曰："勿以孔方兄辱吾客卿也！"坐此益大困，耳聋头眩，为悍妇所逐，落魄游吴门，遇乱死虞山舟中，毛子晋为收葬之。去尘有《不寐》诗云："莫怪故人消息断，谁教金尽见床头。"（《列朝诗集》）

400 吴去尘有"不可磨""未曾有"等墨。（《帝京景物略》）

401 程格斋以明道定性，书《伊川好学论》，当与《太极图说》《西铭》并行，各为之注释一卷。《文公语类》出于众手，纯驳不一，自加诠释为《朱子语粹》十卷。中和之说，文公盖有遗憾，为集其语为《中和考》三卷。（《新安学系录》）

402 黄节妇，高塌里黄方塘女。年十六归金塍汪暄，年二十九以劳瘵死，未举子而卒。病革，节妇以遗言请，暄笑曰："嘻！余何言？人各有心，非予所知也。"节妇心领之。既卒，黄力疾视丧，不敢以一死了事。于是益自刻励，居处严洁，力佐家政，以处置嗣续为务。叔氏生子璋，举以为后，自始孩命名及就傅、婚娶，不少旁委，备尽艰辛。居常虽亲妮如子，妇未尝得见衣裹。孤幌寒帏，操守垂五十余年。（《语余漫录》）

403 上命学士朱升草诏求遗书。先是丙午年春三月，访求遗书。吴元年，命升等订证补缉，整成卷帙。至是，又有是命。（《翼运绩略》）

404 宏仁，字渐江，休宁人。本姓江，名韬，字六奇，前明诸生。甲申后为僧，尝居齐云。工诗文山水，师倪云林。新安画家多宗清闲法者，盖渐师道先路也。没后，友人于其墓种梅数百本，因称为梅花古衲，云："余尝见渐师手迹，层厓陡壑，伟峻沈厚，非若世之疏竹枯株，自谓高士目比也。"（《画征录》）

405 孙文郁，字征周，草市人，以赀籍礼部儒士。工诗，善鉴古器。喜结客，若江方伯民璞、徐方伯子与、汪司马道昆、陆司马伯安、程太守德良、王文学仲房、方孝廉元焕，皆与往来。所至名山大川，莫不登临。里媪有子而嫠，俯仰待尽，征周则饥授之食，寒授之衣，穷无所归，授之环堵之室。园近水滨，缮方舟以济渡者。夜梦神人与语："诘朝愿藉君手拯溺人。"蚤起而涨渐江，亟集利涉者具以待，俄一覆舟自上游下，乘涨若翔，四人者缘舟浮沉力竭，麾舟截流而进，悉活之。（《太函集》）

406 未婚女鲍氏，为生员鲍鸿谟女，受聘儒童王继先。王方弱冠病捐，鲍女当即登楼坠下，环救复苏。十一月初五日，氏即麻杲斩衰，哭临夫墓，至姑门足不逾阈，坐卧仅床榻相看，日惟啜汤，祝早辞人世。今三月初二日，迎舅姑中堂，谢以不能终事，却食而死。（《两洲集》）

407 县南黄原有等慈庵，肇唐贞观，实临溪方兴寺支流，久为祝圣道场。（《定宇先生集》）

408 休宁汪灏与崇明何焯，俱以康熙壬午钦赐举人，癸未入翰林，异典也。灏有诗云："特将定镜辨媸妍，何幸高天碧日悬。一自圣人亲选士，人间玉尺总无权。"（《雨村诗话》）

409 吴斋，字万顷，邑之稍云人。师汪古逸，所著曰《白云集》。（《新安学系录》）

410 查楷，五城中人。幼聪敏，日可数千言。幼失怙恃，事兄如父。为文有奇气，受知于学使黄公，有国士之目。沧桑后绝意进取，籍冠古服，寄情泉石，好临书法名迹。与兄二瞻颉颃，神完机应，乐之终身不厌。学士得其片楮只字，珍若拱璧。（《语余漫录》）

411 洪武二年三月，朱升请老归山，上欲锡以爵土，固辞不受。曰："臣后人福薄，不敢叨天恩也。"上曰："卿子几何？即不受吾爵，独不使辅朕乎？"升涕泣下，哽咽对曰："臣一子，名同，事君之忠有余，保身之哲不足。臣所以不令其仕者，恐他日不得老死牖下也。"上曰："恶是何言欤？朕与卿外则君臣，情同父子，何嫌何疑而虑及此乎？"升曰："非臣过虑，数固然耳！但愿陛下哀念老臣，臣子不免，赐以完躯，幸矣！"言毕，涕数行下，上亦为之恻然。因与朱同免死券以慰之，驰驿送归。升陛辞请曰："伏愿陛下明照万里，治国有三重焉：东宫择贤师，保将相，久试贤能。百姓如保赤子。故曰为天下得人，有人有土，万年无疆"。（《翼运绩略》）

412 金瑭，字伯献，世为休宁中市人。母捐梧梠，瑭召良史画母遗像。史不及见母，谢不能。瑭蒲伏史前，泣下如雨。史恍然若有见也，为像甚肖，人以为奇。与弟琛终丧，将卜宅兆。有为堪舆家言者德瑭，请间曰："公遇我厚，诘朝，我必阴厚公。"瑭谢曰："先人遗体，独瑭及琛。瑭之厚，琛之薄也。客奈何以厚瑭故薄琛？"言者惭，益多其长者。既树

墓，芝草累生，人指其居庐曰“孝芝堂”，直以为瑭孝友之应。（《太函集》）

413 节妇何氏者，儒士程廷庚继配，万安里诸生何道通妹也。九龄失母，即吁哭尽哀。及笄，归程生廷庚。生治博士业，初娶姚，有子允承矣，节妇归则妇也，而母乃宾对庚，而慈视允承。居有顷，庚以试事趋浙。有来自浙中者传生病且殆，节妇闻而祷天曰：“曩为女而母氏见背，今才为妇而夫病，天壤之间，故有薄命焉如此哉？脱夫病可脱妇敢爱其生，愿减己禄以益夫算，惟天鉴之。”盖晨夜皇皇，而生竟不禄也。讣闻，节妇恸绝，矢俟榇归以身殉，舅姑急止之：“新妇贤不难下从吾儿，吾两人崦嵫之日逼矣，此屝者承也，将置何所？”节妇素通大义，即吞声抚孤。时仲弟道达长孤一岁，召翼外傅，舅甥欢然。岁丁未，孤年十五，将卜期为逆婚，忽疾，延医祷望不效竟逝。逝之日，仲弟在焉，至哭抱而以口授生气，人谓舅爱甥未有如此者。本之则以节妇之爱为爱，节妇痛孤之继殒也，哽绝而苏，禀命舅姑哀言立继，命以仲子廷弼之子允琦为庚后。既舅姑相继逝，节妇哀毁，佐襄惟谨，抚琦如抚承，里族无不啧啧称贤母。辛亥二月，节妇以三旬值帨辰，概族称觞曰：“吾非寿若年，直寿若贤且节耳。”节妇含悲逊谢，竟以疾奄终正寝，盖五月二日也。（《两洲集》）

414 程肇光，字汝涵，尝侨寓洙镇。缮津梁，免民徒涉，捍泖寇，保全乡落，人争颂之。（《闻礼要录》）

415 吾邑之万安民家，有宋人《金盆浴鹅图》二卷。（《东图玄览》）

416 汪文端公由敦，与刘文正公统勋，同在政府。一日，文端以《咏杖》诗示文正，云：“太乙青藜邛竹枝，酒钱挑得恰过眉。携防花径莓苔滑，倚向柴门夕照迟。远道雪霜当健仆，衰年筋力付童儿。纵然得力难抛却，终有临岐放手时。”文正见之，谓曰：“末句尚未健，余为改一句如何？”因急请之。文正曰：“何不云‘入手先思放手时’。”文端不觉躬鞠，遂用其句，刻入《松泉集》中书之，以见前辈之服善。（《雨村诗话》）

417 邑南陈村有山曰"藤溪岭"，多产青藤。（《定宇先生集》）

418 颜公山全真庵在邑南五十里外，山故有龙池二，求雨者必先祷于颜公，而后请水于池。众奉水至其乡，则雨随而注。其灵应之迹，今昔无二。氓有蒥谷中者得古佛像，高数寸，盖范金所为，僧庋奉于颜公神室中。自是求雨者，必请得金像，与水俱，尤称灵异。（《东山存稿》）

419 吴巚，字少游，老号安道叟，遐槎塘里人。年将强仕，始补郡弟子员，笑曰："国以帖括取士，人以占毕应之，殆如尘饭土羹，欲求奏治平而臻三代，犹之越而北辙也，其有济乎？"以是一意洙泗濂洛之学，无功。祝令建还古书院于古城山麓，少游与兄怀英鞠躬竭蹶，倡率获【护】持，月旦会讲，岁时更延名卿大儒主盟大道，远近宗之。后遭魏珰毁而重修，皆少游与兄之力。四方学士、名家咸以吴氏父子兄弟为楷范。（《还古书院志》）

420 杨祀年，字仲常，邑西板桥人。少颖异，凡先世所藏书，一属目辄能记忆，众相惊目为奇童。长遵父命，以儒服事贾，经营吴楚，一钱不入私室。偶一夕泊舟采石，忽梦一神，衣冠若王者，旁罗鬼判，所系人类不可胜数，此呼祀年名，神遽止之曰："此人善良，无得罗织。"即令放归，遂惊寤。黎明诸舟并发者，顷狂风鼓涛，千帆尽遭倾覆，惟仲常所驾舟无恙，始知彼众之溺于水者，即神所拘系人也。乙酉岁，兴朝革命之二年也，时四方未宁，道途多梗，季仲留滞他乡，父母心有隐忧，食不甘味。仲常奋然启行，犯霜露、冒锋镝，捍弟于危难之中，挈之以归。居父母丧，年已五十余，痛绝心脾，行路闻之且有泪零者，天性孝友如此。年九十余始卒。（《淇竹山房集》）

421 汪轸，方塘人，号履斋。九岁失怙，颖敏嗜学，与陈自新、汪蓉峰、朱礼侍为友。事母孝，建树萱堂以奉晨昏。著有《复斋集》。（《名族志》）

422 汪洪，字汝源，号海厓，西门人。身长八尺，容貌壮丽，为众所异。年十三，代父里役，既簿对脱，同役者之狱，父逮系郡往省，途暮围人奴迷，遇有物诙诮，洪亟驰马鞭之数十，得活去。父病痰，求柿霜为剂，遇行商亟出五金，属商去，不闻其问。后如期而至，曰："君以亲故属重金而不问名，何敢负君？"奉柿霜，置金不受而去。淮王开鞠场走马，一日出良马，置上尊酒约曰："饮上尊者即赐之马，许乘马端门出。"众皆觊觎洪，纪进士镰与洪厚善，亟止之。洪乃鄂谢，因大书格言于屏自警。游广陵时，王公大人道广陵者皆愿交，名藉甚。洪有志大著当世，以不得业明经，故时时读书自喜，染翰为署书，每叹曰："使至时之极，不有自见耶。"乃以赀拜武功郎，后复以赀受文林郎。（《大鄩山人集》）

423 据老成云：休邑常行①约一钱五六分，降烛一钱一二分、缎帛经文帖共四分，丧家收去。支三分，脚力又三分，布一方，饼四枚，谢帖赏封又四分，缎帛经文店例不收，又四分降烛，入店要足秤，共支去一钱四分，净得三分而已。若肯体贴丧家，改为银烛票二斤或三斤，亲送灵几可以少资丧费；银烛换红烛，每斤加一分；若非知己或用拜匣，奠仪配以烛，仿贺寿屏仪，烛票式亦妙。予昔从吴门归，见亲族多用玉帛古玩八色，名曰"套礼"，以金扇烛票配之，所收惟烛票而已。予力不能办，因以屏分赍仪代套礼，实出于不得已也。不意大概从简，至今套礼反成古调矣。（《居家必备》）

424 明道士汪泰元，休宁蓝田人。于白岳结退思庵修炼，中筑七星台，夜香礼斗祷雨，常验。养一鹿，驯狎若童子。祁门人太守李汜从泰元参究元旨，知泰元将逝，汜乞鹿归。（《齐云山志》）

425 古城岩土石皆赤，苍松数千株，唐越国王府也，至今有祠于上。（《卧游杂纪》）

426 王士俊为少司寇，读殿试卷，梦文昌神抱一短须道士与之，后胪唱时，金状元德瑛如道士貌，出其门。（《子不语》）

427 黟县倪蓉湖筑别墅于齐云山下，散万金聚万卷，潜修博览，不慕荣利，乡里称为隐君。（《华阳散稿》）

① 常行：指平时的行为准则。

428 提督山西学政、翰林院侍读汪灏，以大同府人文胜前，疏请撤去门字号照。福浙总督侍郎郭世隆三十六年题请台湾一府撤去至字号，与通省一体匀中之例。部复，得旨允行。（《香祖笔记》）

429 戴震，字东原。少从婺源江慎修先生游，讲贯礼经、制度、名物及推步天象，皆洞彻其原本。既乃研精汉儒传注，及《方言》《说文》诸书，性介特多与物忤，落落不自得。年三十余策蹇至京师，困于逆旅，饘粥几不继，人皆目为狂生。时金匮秦文恭公蕙田兼理算学，求精于推步者，予辄举先生名，秦公大喜，即日命驾访之，延主其邸。与讲观象授时之旨，以为闻所未闻，秦公撰《五礼通考》，往往采其说。高邮王文肃公安国亦延致家塾，令其子念孙师之。一时馆阁通人河间纪太史昀、嘉定王编修鸣盛、青浦王舍人昶、大兴朱太史筠先后定交，于是海内皆知有戴先生矣。乾隆壬午中江南乡试，明年试礼部不第。薄游汾晋间，会汾州修郡志，朱方伯珪请先生任其事，乃博稽史籍，驳正旧志之伪。癸巳岁，天子开四库馆，选校雠之职，总裁诸公疏荐先生，以乡贡士入馆，充纂修官，特命与会试中式者同赴廷对。乙未夏，授翰林院庶吉士。馆中有奇文疑义辄就咨访先生，为考究颠末，各得其意以去。晨夕披检，靡间寒暑，竟以积劳致疾。先生在书局校定《五经算术》《海岛算经》《孙子算经》等书，皆官为板行。其所撰述有《毛郑诗考正》四卷、《考工记图》二卷、《孟子字义说》三卷、《方言疏证》十三卷、《原善》三卷、《原象》一卷、《勾股割圜记》三卷、《策算》一卷、《声韵考》四卷、《声类表》九卷、《屈原赋注》九卷、《文集》十卷，则曲阜孔户部继涵为刊行之。（《潜研堂文集》）

430 程庆琳，字存韫，号痴痴子，富溪人。作诗不事雕饰，而意味有余，著《痴痴子诗集》。（《程氏所见诗钞》）

卷

八

431 汪道，字世行，兖山人。尝月夜读书，潸然涕出，同志苏尚绹辈愕然问之，曰："昔儿时，母氏常对此月教我拜婵娟，今见月不复见母，其如感慨何。"掌教张先生闻之，因以"慈月"颜其轩，文人才子皆为之品题云。（《梅岩小稿》）

432 吴继佐，字用良，邑之商山人。舍后治圃一区，命之曰"元圃"。居常艺花卉树竹、箭畜鱼鸟，每得拳石不啻珊瑚、木难。多病，喜从方士学养生，岩栖白岳，筑斗室以当望仙。与诸名士游，购古图画尊彝，一当意百金不靳也。里妇荐故家女梱内，纳之为媵人，用良女视之，予之装而嫁士族。尝病疡蹒跚出，遭里人某骑无良遇之隘，骑惊不驭，蹄用良于途，触疡而伤且流血，某急扶起，跪受笞，用良徐徐曰："吾无伤，若无怖也。"（《太函集》）

433 九月，大集文武，议北伐中原，东取闽越，南平两广，上多善升议。复曰："吾竟夕不眠者，以中原势大，卿等勿易视也。"至夜静，独召朱升，示欲亲征。升对曰："伪汉、伪吴虽擒，贼党未尽，尚当亲御九重，提练六师，镇抚四国，岂可虑一隅而忘二隅乎？臣观元君淫虐，臣下跳梁，土地日蹙，履霜可知，遣将声罪，则涂炭之民，担酒牵羊，迎我载路矣。"上问："信国公徐达、鄂国公常遇春总北伐，何如？"升贺曰："中原可指日定也。"（《翼运绩略》）

434 汪东山绎康熙庚辰状元，胪唱日，马上得句云："归计未谋千亩竹，浮生只办十年官。"癸未，假馆归，遂卒，果十年。（《雨村诗话》）

435 临溪元元子程道真，精专修炼，兼善丹青。（《定宇先生集》）

436 程恂，字元信，号诚宇。当父蚤世，哭而昔。母戴孀居，曲意承欢，每中夜闻戚声，辄徘徊户外，哀止乃解，数十载如一日也。伯兄不禄，抚其子女，而室家之奉嫠嫂常饩。季弟病且殆，昼夜斋心密吁，感神人授异方，一七而愈，是称能孝友。后以哭母衄，捐馆舍。（《两洲集》）

437 出邑西门，涉两溪而南，有屋数间曰"云山庵"者，寓上人宇内，立锡之所也。上人抚之，金溪人。幼失父母，十三出家，十六为僧，策元寺始学医，其师曰："曾允中在策元。"尝一新其寺。游潜山，建观音堂于市，来者如归。辛卯之变，始至休宁，以疾病为道场救疗一切患苦。不蓄古方书，每因证为剂，如矢破的。众医所不疗者辄起之，远近数十里间，请其药者十室而九，以疾求视者踵相接于途。日与人药，多至不可计，未尝记主名，即有不能报，他日复请，应之无倦色。诸以粟米、金帛、食饮、瓜果来馈谢者，无多寡咸欢喜，受之如获檀。施以粟米、饮食、瓜果饲徒属、款宾客，以金帛益市善药辅其术。以应人之求，乃积其赢余，作云山庵供养观音大士，置田若干亩，择其徒之谨愿者付之，使耕且食而职香火焉。（《东山存稿》）

438 金维嘉，字伊人。好学深思，尝游学浙闽，与莲山廖公为刎颈交。讲学书，司还古会事七载。著有《圣学先难编》《圣学逢原录》《尚书遗范》等书行世。（《培元阁集》）

439 胡文孚，字孺仲，号云野，演口人。嘉靖癸巳选贡，中甲午乡荐。初授湖广衡州府推公，倾心自效，烛阅成案。有坐诬弑兄者狱已具，公廉其冤，关白得释；有与素不相能，偶陷重辟，心知其无辜，阴力脱，终不自言。迁南缮部督运真州，适岛夷飓至，督府克斋李公闻公习兵，讯谋公，公谓："兵以奇胜。"即遣锐卒挠其锋，悬赏募死士乘其后，虏腹背交敌，一鼓斩获。奏捷，李公疏请酬公，权奸嗛公，仅颁金币。转员外郎，再转长芦运同。（《名族志》）

440 杨湄，字文在，号伊溪，芳溪人。工书法，沉潜理学，为邑庠博士弟子。尝与族弟期召、文焕、（文）灿三士千辈，迎施诚斋、汪默庵讲学于殿元祠、世寿堂、聿修堂，阖族月讲亲仁会，复振紫阳、还古两书院。会讲不以风雨、疾病辞。著有《枝轩集》。（《棣辉堂集》）

441 万历时，休宁儒士程学圣，立心操行无诏曲。中年以后，游神冥府，职雷部判官。素师事洪甲，与洪言事无不验，洪亦不敢泄。洪素与孝廉潘雪松、祝石林善，潘、祝皆积学，两举公车不第，洪以之问，学圣对曰："此非吾职，然可托稽也。"居一二日，告洪曰："潘公中癸未榜矣，祝尚未。"癸未，潘果登第。洪又令为祝稽之，学圣对曰："天榜未定，凡春榜定于上年十月，秋榜定于本年正月。"洪记其言，至乙酉十月又命之，学圣曰："丙戌榜尚无祝公。"至戊子十月复命之，学圣曰："己丑榜已有名，然尚有那移，待揭晓乃定。"洪问其故，学圣曰："冥中论人善恶，宁止月旦评哉。平生为善，忽有一念之恶，神即恶其秽；平生为不善，至此猛省痛改，神即鉴其馨。至于科甲一事，专属文昌帝君，凡文人登籍，宁独本人心行毫不可隐，虽其高曾祖父一善一恶，皆注籍也。又宁独其人善恶之大者，无或遗漏，虽其隐衷微念、片语细行皆洞悉也。以此比较轻重，酌量去取，无锱铢少谬。有其人不善而乃第者，其祖父之德胜也；或其人为善而不第者，其祖父之德不足也。有其人浪荡欠检束，乃其心鲠直无毒肠，多见取；或循循步趋，外貌虽善，中情不直，多见弃。有已上榜而忽除名者，新念不善也；有本无名而忽有分者，新念迁善也。天家考察，曾无顷刻之停。今榜正在那移，吾能知祝公之有分，而不能知己丑榜之所定也。"（《数不定录》）

442 杨表正，字仪邦，号孚亭，邑西板桥人。总角时已博极群书。年二十四由岁贡应试大廷，补授赣榆教谕，课士必先实行，莅任一载，为各宪器重，遂得升任邑令。以丁艰归，服阕，补新津令。莅任甫三日，适泸蛮猖獗，大兵进剿，军需孔亟，公具卒乘、缮甲兵，馈饷无缺，境内得以安堵。士民咸额手曰："真一邑福星也。"新津故事，县官供亿，一切取诸里中，积久遂成通例。公下车即行革绝，万民踊跃若出水火。他如兴学校、减徭役、革衙蠹、斥豪右，文庙与城隍庙倾圮，皆捐俸鼎新之。兆民绘公像于祠宇，又从而歌之曰："杨父母来何？暮昔岩疆今乐土。恩波还比锦江深，晋原万户齐安堵。"秩满三年，督抚交荐卓异。解任之日，士民遮道请留，蜀江之上，挥涕者不下十数万人。抵京，奉上谕："这回卓异官员狠【很】好，着留京候紧要地方补用。"随赐蟒服以示优奖贤能至意。依栖京邸，忽染时诊竟卒。著有《郁毡集》行世。（《洪竹山房集》）

443 吴应焌，字藜宾，蓝田人。由儒士授太原简较，有德于民。擢鸿胪序班，军民卧辙泣留，晋府赐文匾祖饯。三载考绩，敕封登仕郎，调光山始兴。两任主簿，甚得民誉。署县事，摘奸发伏，审释枉误大辟。刊《好人歌》，颁劝其民，民多向化，谣咏以美其政。又捐俸葺建唐名宦张九

龄祠。升州同知，督造惠藩有功，郡守颉公，嘉其贤劳王国。（《名族志》）

444 五月车驾幸汴，朱升告归省坟墓。上曰："开基垂统，创立政事，必使子孙可为世守。卿与我共事久，历炼老成，今天下一家，正当创为之初，早时来京，弼立政教制作，朕则汝嘉。"（《翼运绩略》）

445 戴启贤，字国用，邑东隆阜人。儿时坐立必端，语笑不苟，人皆奇之。嘉靖末，倭寇海上，所过焚掠，国用质廥在乡间，其外偶被毁，其中无恙也，寇疑以为残余得不入。寻迁之臬城，司计者不便收贷，将烦公质，国用恻然，"与患苦乡民也，吾宁薄收耳"。杭人义之。父在武林骤得不讳疾报至，徒跣三日夜驰赴，途遇暴客仅而获免。或谓："乃公疾已不可为，何自轻乃尔？"国用含泪谢："夫为人子，而病未及药，殁未及含，独恨无缩地术耳，岂忧殉原下乎！"闻者以为知言。于是念父捐馆，独母嫠在室，乃令长君任贾事而身归，将母周旋问视者垂二十年。存事殁，营无憾乃已。（《两洲集》）

446 金仲善，居城中市，为郡狱掾【掾】。会郡中有大狱，连逮数百人，掾【掾】为之焚其狱辞，无辜者幸得脱。仲善乃坐法编戍行，其后滋蕃里名金，里人以阜昌为旧德所致云。（《太函集》）

447 汪宗鉴，字晦叔，号阆山，方塘里人。以父星溪先生主盟紫阳、还古两坛席，因司会事者十有余年。嗣用医业著名姑苏，与朱太史我裕称莫逆交。著有文集、诗集行世。（《广居集》）

448 赵东山先生年十二时，从胡林表学于家塾，咏蟋蟀诗云："赤翅晶莹何处归，秋来清响傍庭闱。莫言微物无情意，风虎云龙共一机。"胡大惊异，赋乳燕诗以答之云："他年高拂云霄上，莫负当年乳哺恩。"（《东山存稿注》）

449 邵继文，字汝质，号中庵，东门人。少入邑庠学朱子格物工夫，久之未有得，乃谢诸生籍入楚，究人伦之至。于天台耿子诣豫章，问一章之道于近溪罗子，稍觉有入。迨龙溪王子复至休宁为之发明，复卦恍然会

心。邑中初鲜言学，公独创始，甘见嗤焉。有《性天直指》行世。（《还古书院志》）

450 吴维佐，字咨亮，号约庐，茗洲里人。少孤，事孀母，终其身以孝闻。幼从事举子业，后弃帖括，混迹阛阓。晚亲施诚斋，知《小学》为做人样子，《近思录》为作圣阶梯，遂奉之如神明，朝夕不忍释手，博览旁参以求有得。尝谓存养时，静中有物，工夫只是一敬诚。尝推为紫阳担当手，司还古会事七载。著有《松筠草堂集》行世。（《植槐堂集》）

451 汪昌祺，字晋遐，号暗斋，石田人，邑庠生。孝友性成，力学不倦，往来江浙，所亲近者皆一时名贤。尝肄业书院，梦文公课读，翌日学问大进。（《棣辉堂集》）

452 叶思和，字尚节，居邑北郭，补邑诸生。累举不第，天顺壬午援例升胄监，成化辛卯历政大行人司，居京师前后十年。癸卯出为沙县丞，或为公惜，公曰："一命之士，苟存心爱物于人，必有所济。丞不负予，恐予负丞也。"闻之者叹服。及之任，适正堂缺员，公掌行县事，惟平易以近人。六月不雨，公忧之，一祷即应。及西成之际，虎为患，四境之内皇皇然，公复祷于城隍，翌日虎敛迹遁去，人皆德之。其政迹卓异，类如此。丙午冬述职，天官卿书最，将膺不次之擢，而公力以致仕请归。（《梅岩小稿》）

453 汪天与，世居兖山，孝友惇笃。父南崖，郡庠，好客，天与倾囊佐之。与二弟分产，自取瘠薄者。平生退让，无一字入公门。年三十无子。客济宁，遇风，鉴相之曰："君貌类罗汉，乏嗣，寿亦不永。"公恬然不怪，愈轻财好施。尝寓清江浦，夜宿，有妇人叩门不纳，其妇曰："君数游妓家，何独拒我？"公曰："彼则可，此则不可。"妇惭而去。至瓜渚渡江，众竞渡，有遗囊，从者欲携去，公不可，坐待。久之，见一人号呼而来，且曰："吾鬻产得此，举家待命，不得则入江而已。"公问状，与囊合，举而还焉。其人叩谢，问姓名，不答而去。复至济宁，遇前相者，诧曰："君固吾向所谓罗汉者，何顿变耶？必有阴功，当生贵子且高寿。"公亦恬然不答。后果生三子，幼子文璧举孝廉，孙曾绕膝，年九十有二，步

履如壮年。(《数不定录》)

454 己亥年正月议伐诸暨，升曰："筮数皆可伐，但在木土相犯之日，有伤阴阳和气，干戈不旋踵而兴，惟豫严守备，修德以回天意，可保无虞也。"伪吴将华元帅于雾塞云暗中遁去，贼党吕珍复引兵来堰水灌城，我师豫防击败之。上闻捷报曰："朱允升知几其神乎！"(《翼运绩略》)

455 张荫，字起宗，杭溪人。身颀须美，膂力超群。年十七，选征赣州，冒犯瘴疠，身几危矣。洪武十九年，北征沙漠，时六月六日过阴山遇大雪，人马多冻死，直抵哈喇哈地面，获元皇后、妃嫔及大臣郎哈赤等。二十一年，军回路绝粮，死者相枕，以银镯一只、绸衣一领仅易米七碗，和草而食，且与数人共之，及抵开平，形非人类，优给平复而回。永乐壬辰，举茂才，吏部历试诸司有声，遂擢主彰德之林邑簿。既莅任，廉静简易，佐理有方，除弊兴利，抚绥多惠，民戴之如父母。及陈疾归养，百姓遮道泣留，同僚暨邑之士绅咸依依不舍，俱有赠别诗序简册留传后代。诚所谓勤劳王事，自幼至老，知有国不知有家者也。(《名族志》)

456 吴瀛，字惟登，邑商山里人。幼有贵征。尝径而出游，有大蛇当径，惟登弗避也，且抽矢射之。稍长，游云间，寝长春观，忽巨蟒绕梁而下，辟易出奔，会大风雨，观倾倒，幸得免。既冠，游学秀水，籍秀水诸生游太学。大司成遇惟登厚，坐人言，惟登卒对簿白大司成，一时名动都人士。寻奉诏入直武英殿，三载授中书舍人。世宗方祠事太乙，更直西清，于时给事斋宫，独颐指诸内竖，其侪凛凛屏息，心窃壮惟登。乡人某子甲与惟登同官，幸相舍用事，受相君指且召惟登，惟登佯往谢之，终不亟见。及袁州败，某子甲伏诛，其侪率以此多惟登"何见之早也"。既历九年考，进律有常，当事者以不附衔惟登，量移大官正。于是乞骸骨归。置祠事，复文肃公墓，割舍旁善地奉诸兄，独居其脊。宗人妇戴氏死节，惟登表其墓以风里中。谷口建文昌阁，聚族而程诸生，筑别业曰"季园"，终老其中。(《太函集》)

457 施士镳，字驭伯，号筠轩，诚斋先生长子。业医，精幼科。著有《乐亭诗集》《施氏家谱》等书。(《玉成堂集》)

458 吴周翰，字岳祥，号密山，临溪人。食饩郡庠，受学于王龙溪、罗近溪，常梦师文王，讯厥功，闻缉熙敬止，纯亦不已之教，觉而叹曰："圣学终始，尽是矣。"日夕存存不少倦。逾年复梦人语之曰："上帝临汝，无二尔心。"时年九十二。尝著《作圣吟》以劝后学。逾艾以贡受职，不乐仕进。卒年九十有七，如文王之算。建还古书院，与有厥功。（《还古书院志》）

459 程愿学，字希圣，别字节卿，信叔先生子。甫冠游京师，尝黎明与其友出郭外，道过大第，友入谒，诿节卿少俟，比出已暮，节卿犹俨立不去。蜀人赵公炜职秘府，闻而嘉之。后令长乐，邑有赖某妄诉黄某劫掠财物，事连数十人，黄被讼不知所为，举族逃匿已五载矣。州移檄下索罪人甚急，黄闻节卿至，即诣公庭自归。节卿呵曰："汝盗也，而逃耶。"黄泣诉曰："某与赖争拦竭耳，非盗也。不逃即举家齑粉矣。今闻邑有贤君，愿得自明。"节卿曰："汝窜者甚众，今一人来，安能明？"乃与刻日令尽领同窜者至，黄诺而去。上司以节卿擅纵强盗问罪，黄所领先期至郭，夕闻之皆散走，黄独叹曰："我宁死不忍累程县尹也。"乃受逮。州尝以他名色敛民财，愤君不受命，欲因此中伤之。令黄诬节卿前受赇，黄曰："某陷非罪，不能自明，宁忍贼陷忠良耶？"考掠备极，酷毒至死，终无一语涉节卿。州犹讯，连坐十余人。会部使者詹侯行郡，直其枉，节卿乃免。（《东山存稿》）

460 休宁金鸡峰，传有仙侣对弈于峰巅。一位戏曰："金鸡不向五更啼。"石遂裂，有金鸡飞鸣而去。（《卧游杂录》）

461 松萝之薇，滋味颇佳。（《坐隐随录》）

462 程玩，字韫卿，汉口里人。教授于乡，积书至千种，其书法最精，天文地理亦旁通焉。一时，名公如司寇杨公宁、都宪程公富、建昌宗人太常公南云及乡先生吴竹野、汪尚古辈俱相善，往来诗札甚多。至正统间，郡守崔公彦俊、邑令周公成、少尹王公椎继相请，以主师席。适奉诏以贤良荐，公以母在堂不就。晚年别号悟易老人。所著有《统宗谱》六十

卷、《山林歌咏稿》若干卷。（《梅岩小稿》）

463　程九万，字云翼，邑榆溪里人。成童时秀颖绝群，十八补诸生，名倾曹耦。天性孝友，行事多慕效古人。父大理公病疽创甚，文学持刀入密室刲股，遇仲兄已刲陨，因兄弟相持，泐吁天减算愿代父，遂霍然无恙。（《两洲集》）

464　邑有吴某以医名，晓起开门，则就脉者、乞药者如市，家人咬嘴以候药，必某手之始效。常渡河，尾医者隔河呼之急，某以手止之，"水大不可渡也！"尾医者误闻之，以为水可煮豆，归如其方饮病者，病寻愈。明日操酒豚以谢，某茫不知所由，诘其故，始麾入之。君子曰："时乎时乎，不可失乎。失其时则累言不入，得其时则误言亦中。若此类是已。"余闻吴某诊脉而得人隐疾，刻生死期日不爽，非时之所能为也。（《千一疏》）

465　赵东山谓："《货殖传》当与《平准书》参看。《平准书》是讥人臣横敛，以佐人主之欲。《货殖传》是讥人主好货，使四方皆变其旧俗，趋利后人。"乃谓："子长陷于刑法，无财自赎，发愤作《货殖传》，岂知太史公者哉？"又曰："《货殖传》是《平准书》注脚，今读之，信然可以解子长之嘲矣。"（《应庵随录》）

466　戊戌年十一月，婺州久拒不下。朱升劝上亲行，因问兵要，对曰："杀降不祥，惟不嗜杀人者天下无敌，五七年为政于天下，乃成数也。"上率总制、亲军、副都指挥使杨璟等众十万，又戒饬枢密院判官胡大海等，城破无许妄杀。十二月下之。问曰："处州密迩，可伐欤？"升对曰："处州有刘基、叶琛、章溢，皆王佐才，难致麾下，必取处州，然后可得。"（《翼运绩略》）

467　叶蘅，字梓芳，号梧冈，水南里人，邑庠生。性喜读书，尝以父病远客粤东，不惮数千里奔赴，躬侍汤药。同弟子兼怡怡一堂，讲学还古，春秋不懈。与施诚斋、杨伊溪度岁坛席，献酬赓歌以为乐。晚更孜孜好学，作《岁寒图》悬于座右以见意。年五十五。著有《植槐堂集》。

（《松轩集》）

468 金人龙，字明仲，号南阳，南街人。品宇修长，资颖有材略。廪诸生，敦伦表俗学校纲纪，藉以不坠。究理学，通二氏及星历、医卜、堪舆、风角诸书。所著有《论学质言》《谈禅论》《论元编》《罗经辨》。将贡，卒。邑令东山李公为文诔之。（《还古书院志》）

469 汪佑生，字申之，高梯山人。倜傥不羁，年弱冠，雄据词坛。善丹青，精白描人物。临池六书，直闯钟王妙奥，更擅图篆。金陵、仪扬声称籍甚。（《名族志》）

470 浙江源于张公山之北高湖尖，出大连、小连，至梅口会梅溪、孚溪之水，东流百二十里，至上溪口会婺源水，达屯溪会县港，流出浦口为新安江。自上溪口登舟，经三百六十滩，直抵钱塘，故渡头名杭埠。（《双溪杂记》）

471 金义昌，字士节，珰溪人。好书能诗文，从孙思杰、陈自新讲经术之学。父觉，字彦初，为河南汲县令。士节往省时犹未婚，参政郑居贞一见奇之，许以女。时河南王贵盛，独厚参政，由是士节名益重。及父谪铜鼓，逾年卒，士节匍服往移榇，人曰："新安万里，榇归难，奈何？"曰："吾父魂魄在新安，不得归葬，当如此土。"诉之部使者，部使者多其孝许之，竟同弟士彬奉庶母扶榇归。既士节往代戍，士彬年十六请行，士节不可。士彬益请行，相持泣，士节曰："弟行当使弟得处如居也。"六分其产，外割田三十亩构屋舍，蹁田租之入以为戍助。后有怨家诬士节杀人，系狱。令陈公初下车往狱中，暴诸囚阶下，士节独挺出囚中。令曰："何囚立强项？"主狱吏报曰："囚固跪服地。"令怪其美士。已见深室旁书帙，异而问之。对曰："杀人，未是曾参知我难逢鲍叔。"令曰："吾当脱尔三衅三浴之也，藉不得当以我官去就决之。"狱竟白，由是名益重。郡邑工部郎金公、御史王公行郡，闻士节贤，过之与语，大悦，荐于朝令。州司劝驾，而从弟御史士辉趣之，出谢曰："而伯氏老矣，以日倪西望知之矣，为我谢之。"于是号练滨渔隐，终不起。（《大鄣山人集》）

472 龙蟠坡庵在青鸾峰下，休宁戴云卿建，室宇精丽可居。（《黄山志》）

473 明道士朱宗相，字道宏，号培山，休宁前干人。性敏沉重，缘皇储应祷，官拜太常寺寺丞。以亲老辞归，赠封道流、官列卿，此仅有者。（《齐云山志》）

474 赵琐，字彦全，东山从子。洪武初，以明经授县学训导，升河南柘城教谕。（《新安文献志》）

475 诗家群尚抽青媲白。定宇先生诗初视朴拙，久乃道气迎人。长洲顾侠君刻元百家诗集，极爱"笑渠拄笏看山色，容我扶筇听水声"及"柳枝水洒一溪月，豆子雨开千嶂烟"之句，莫谓百代而下无知已也。（《定宇先生文集·纪言》）

476 汪太史玉轮绎，以康熙丁丑举礼部，未及对策，而以外艰归里。迨庚辰服阕北上，邵青门送之诗云："已看文彩振鹓鸾，重向青霄刷羽翰。往哲绪年吾解说，状元原是旧吴宽。"是年，汪果大魁天下。（《柳南随笔》）

477 窦得意以倡幸鄡陵王，闭绝外交，闻查鹔名，私事鹔。鹔方结客得意，岁出百缗佐客资。居七年，事鹔唯谨，得意请得备箕帚，妾幸托终身，鹔谢曰："鹔穷身，顾自有妇，卒不可。"（《副墨》）

478 相公湖实吾休之属。因吴文肃公记二石桥于休宁、歙邑之境上相公湖之侧，而歙友修《歙志》强作歙之黄墩湖。然湖名相公者，盖惟忠壮公射蛟而名，况忠壮公休人也，家于湖侧，碑传可证，若不纪载，不惟湖之湮没，并忠壮公履历功勋并失之矣。（《海阳山水志》）

479 白岳山峰独耸，有峻崖小道凭梯上，其三面并绝壁，二百余丈不通攀缘。峰顶阔四十亩，有故阶迹、瓦器、池水、石室，亦尝学仙者居之。（《寰宇志》）

480 休宁金奕山，生平一举一动必以感应经为准则，遇人有过辄为讲说劝阻。甲戌秋，舟过严陵七里陇，暴风陡作，舵折舟坏，几不保，黑雾中见有金甲神执红旗引导，曰："此舟有奉感应经者三人，宜保之。"举舟罗拜，咸共见闻，细询同舟者，一南昌许姓，一嘉兴俞姓，与金共三人。（《勉行编》）

481 汪来楫，休宁贡生，顺治二年任宝应县主簿。（《宝应县志》）

482 程益，字守谦，号虚斋，兖溪人。元丰初，补国学上舍生，因新法遂隐居不仕。著有《师友忠告录》《耕余集》。（《程氏所见诗钞》）

卷

九

483 张贞一，字永宁，杭溪人。少年省亲，道经山东，晚投宿，误入行劫之家。夜二鼓，墙院外喧躁声，凶人内外相通，将欲有为，忽闻空中有声，连呼内有好人者三，群凶慑栗，遂散去。（《名族志》）

484 邑东汪村坐隐园中，有藤，其叶尖如葵叶，嚼之味苦，其根如萄，山中谓之土参，取和糯米蒸熟食，令人饱且润肺补脾。（《坐隐随录》）

485 予尝与查元章读《太宗实录》，有"侯莫陈利用"者，予问有对否，元章曰："昨边使有乌古论思谋，可对也。"予曰："边人姓名，五字者固多矣。"元章曰："不然，'侯莫陈'可析为三姓，乌古论亦然，故为工也。"（《老学庵笔记》）

486 吴珏，字廷玉，茗洲人。弱冠时挟赀以任侠，有报仇者授之私剑，为人精悍尚气力，人以虎而角目之，诸负屈不得白，公挺身为白之。族某有行采之礼，昏氏曰："所纳须朱提银，周郭成褭蹏状者二十四，彩帛二十四束。"即如所请。仍以诘朝为期，不则谢去之。意以乡聚，岂能趣办，假此为辞且尝之耳。族某故富家，然以责办之急，计穷。公辄探箧中如其数，以纳里人，皆愕叹吴之有深藏如此。（《茗洲吴氏家记》）

487 吴涵，素嗜诗，著有《欣托草》行世。（《两洲集》）

488 仁寿山在昌湖之西，树木丛杂。每至春暮，有灵禽来集花下，鸣为调琴，及花落不知所往。（《卧游杂录》）

489 节妇朱氏，首村女，归金塍汪守一。守一殁，节妇年仅十九耳。于是屏膏去沐，撤其环瑱，绝迹户外，椎髻缟衣，惟堂上起居服食是庀；且念诸姒多子女累，遂力任无怠，依依膝下，舅姑脱然忘其有子之戚也。如是者十二年而舅没，又十四年而姑没，凡舅姑一饔一飧、一作一息，惟节妇是安者，合二十有六年。及丧葬梱内事，节妇独任其劳。（《语余漫录》）

490 毕祈凤母多病，公夜必燃香告天，愿减算寿母。侍药次欲酒，医

难之。公恍惚若见神人诵诗，有"可惜一杯"之句，急进酒，病立愈。（《虚谷集》）

491 休宁屯溪，孙吴时，毛甘屯兵万户，于是故溪以屯名。（《曝书亭集》）

492 休宁戴德滋隐武邱之塘，织履而食，拥鼻而咏，自其尊甫杏园，乙榜授诗，妙龄不为干禄之学。一游京师，归而继室吴下，所居有笙阁，著有《笙阁诗》行世。（《白华前稿》）

493 金德玹，字仁本，邑之汪坑桥人。家世业至德玹而贫。好学，手自抄录箱帙满，家虽饥寒困苦，手不释卷，六经、三传、诸史、百氏、山经、地志、医卜、神仙、道佛之书，靡不研究。世家士族争为西席，子弟经其训诲，悉有礼度。尝以先儒遗书，精神心术，所寓湮没不传为己任。遍访藏书家，得陈氏《四书口义》，批点百篇古文，倪氏《重订四书辑释》、朱氏《九经旁注》、赵氏《春秋集传》、上虞刘氏《选诗补注》、胡氏《感兴诗通三十余》，般抄校毕，遗子辉送入书坊刊行天下。刘用章先生深嘉其志。平生著述有《新安文集》十卷，《道统源流》《程朱氏录》《小四书音释》。卒年七十二。（《覉天稿》）

494 南薰老人吴源精医术。邑宰黄法夑妻病剧，祷于北斗以祈应，梦一少年衣紫长裾、戴逍遥巾，一人指曰："此神医也，能起汝疾。"黄遂遍召诸医，独源衣冠与梦符，一见谓："饥中伏暑。"三日而愈。（《杏庭摘稿》）

495 吴玉林，字伯冈，邑稍云里人。甫六岁，日记数千百言，皆通大义。成童有诗名，习举子业，侪辈推服。试有司不利，未尝恨。明兵下歙，辟为参军，未几弃去，竟以隐终。里中土宜稼而常以旱为忧，出其私本凿山引水为渠，既成而旱不为灾，民咸利之。平生所寓意多见于诗，有《松萝吟稿》二十卷。（《解春雨集》）

496 朱权，字圣与，邑首村人。童卯若成人，六岁入小学。一日，偶失所业课，先生颇有愠色，权曰："某能尽默记。"乃追写之。他日得故帙，一字不舛。八岁能属文。乡之南有山曰颜公，其高三十里，上有精庐馆，其上手编诸家易说，凡百余万言，作为文辞，自成机轴。（《洺水集》）

497 黄晖，字孟昭，五城人。从赵东山、朱枫林游。至正，避乱不出，讲业邑之松萝。余征君聘居讲席，重其文行，以子妻之，因家于万安。洪武初诏修《元史》，成，授上元县簿，擢判北平府，转礼部主政，从蜀王之国，留任左长史，封奉直大夫。建文帝立，奉表入贺，晋户部员外。靖难兵起，加四品服俸，督饷，从魏国公。比援及魏国召环，金川失守，晖衰服恸哭，诏下狱，一夕卒。文皇帝既正大统，首罪诸用事之臣，晖以先死，仅落籍编民。东里杨少师特为立传。子振华，字原英，应荐入太学，选翰林院博士，坐父事落籍。（《名族志》）

498 徐知谔镇浙西，以查文徽为判官。或献玉杯，知谔喜，酬以钱百万，趣开宴，出杯，行酒至文徽，偶堕地碎，一坐皆惊，而文徽自若。（《渭南文集》）

499 汪耆英、汉英，休宁安乐乡人。至元壬辰，红巾兵起蕲黄，乱江东，剽掠村落，耆英与弟谋曰："吾兄弟不幸，生遭世变，幸而年壮力强，盍相与倡义，保障一里，以安吾亲。"汉英然其言，于是率勇敢士以拒敌者数矣。一日，仓率寇至，耆英与角力，不胜，坠于陷阱，大呼弟曰："吾弗济矣，汝亟脱身以奉亲。"汉英闻之，奋勇死战，贼方散去，遂援兄起，俱全于难。耆英谓弟曰："今居当冲要，兵燹无宁日，万一蹈白刃，谁奉亲终乎？不若隐遁以济艰难。"遂相与奉亲挈家累寓亲故间关数年，追高皇帝一天下，再迁和睦乡兖山居焉。爰弃武事，耕读为业，养亲以安。或劝之曰："以子之能，当为国家用，何乃自屈为乡人乎？"君曰："遭乱世而能保其身，以全其亲，得为太平之民足矣，又安敢求荣哉？"知者以为遗安计也。优游晚景，寿考而终，乡人号曰"孝友二士"。（《伴竹稿》）

500 程正惠公卓，知泉江，有遇害而失其身首，莫知孰杀之者。公宴坐默思，恍若有所见，曰："只寻亲。"人呼其妻诘之，曰："汝知而夫平日与何人恶?"妇沉吟久之,曰:"昔常与伯父,因竞坟土有恨。"乃执其人,遣吏搜其家,得衲衣一,持示其妻,妻一见号泣曰:"此即手所制与夫者也。"复诘其人何从得此,始骇服,遂正其狱。(《新安文献志》)

501 查待制道,知果州时,寇党尚有伏岩谷,依险为栅者,其酋何彦忠集其徒二百余,止西充之大水槽彀弓露刃,诏书招抚之,未下。咸请发兵殄之,道曰:"彼愚人也,以惧罪,欲延命须臾,尔其党岂无诖误耶。"遂微服单马、数仆,不持尺刃,间关林壑百里许,直趋贼所。初悉惊畏,持满外向,道神色自若,踞胡床而坐,谕以诏意。或识之曰:"郡守也,常闻其仁,是宁害我者。"即相率投兵,罗拜号呼请罪,悉给券归农。(《鄂州小品》)

502 吴奉议袭德与夫人金氏坐月下,有二星飞入怀,众异之曰:"其吴氏种德之证,有子之祥乎!"已而宣和之甲辰,果生国录公俯;乙巳十二月之朔,又生竹洲先生儆。兄弟皆以文名。时人为之语曰:"眉山三苏、江东二吴。"(《程正惠文集》)

503 田里之人或得子,差暮辄夫妇祷于颜公山,神往往赐之兆朕,群儿中以颜为小字者所在有之。(《狷庵集》)

504 马可道受元命,宰新安之休邑。明兵至,求援邻郡,兵继至被擒,不屈死,配亦义不受辱,而俱死焉。(《覆瓿集》)

505 南薰老人尝诊一妊妇,曰:"是儿左手多一指。"又诊一妊妇,曰:"是当生三子。"已而皆验。(《杏庭摘稿》)

506 程功霩,字时旸,黄茅人。志偰俍,初业儒,训蒙百里外。闻父病驰归,陟新岭有虎咆哮当道,祝曰:"我来为父耳,父生幸生我,不则无然独生。"虎遂绰尾逝。兄病疸,祷灵祠,愿身代兄,梦神示以《帝鉴》,弟诚,益年五,后果符。至抚兄子,赈宗人,解纷却谢缕缕也。以子贵,赠澄江知府。(《名族志》)

507 查尚书文徽，家本富，以任侠贫。或遗以金帛，一夕，盗入其家尽取去。文徽不言，虽邻里莫知者。久之盗败于旁邑，移文讯验，人始知之，咸推其量。（《渭南文集》）

508 休宁汪晋贤徙居桐乡，营碧巢尚吟窝，筑华及之堂以燕兄弟宾客，建裘抒栖以藏典籍，其曰"小方壶"者，郡城东隅里之书屋也。少工韵语，周布衣青士好论诗，每切靡同学文字，为人所憎恨，晋贤特虚下之，不以为忤。继又交沈秀才山子，均延之宾坐，鸡鸣风雨，不辍其音，海内名士闻声相求，舟车接于遻道。晋贤出缟纻，订侨札之分，时名藉甚。二子既逝，晋贤仕为桂林通判，调太平，迁知郑州，事未赴，居母忧，服除，谒选人不果铨取。生平古今体诗裒为十卷，题曰《小方壶存稿》行世。（《曝书亭集》）

509 汪文端公谨堂，先北路公会试座师，殁后，其子副宪承霈以其遗集嘱门生赵云松编校，有《感赋》句云："真草渊源王内史，文章台阁李东阳。"可括公生平。（《雨村诗话》）

510 汪应元，字子春，西门人。未离阿保时，即识瞻依，深称父母意。年十四，装赍游诸都会，次备说汪君之义。会大仪黄氏驵侩负蓍算数百，考立其罪收挐，告急于子春，子春为出资如数偿府帑，黄出之，祐于家庙，令世世奉。尝末年应诏以例授鸿胪序班，后卒于芝城，士夫哀之。大仪黄姓者闻讣哭于所，立主前为三日服云。（《大鄣山人集》）

511 汪汝椿，字子寿，西门人。随父之任新昌，值王府选郡驸，椿中选，拜恩尚主焉。未数载，而郡主薨，王爱其才，复妻以次主。其受国宠，古未有也。（《名族志》）

·117·

512 汪龙，年十五与群儿游，值一道人至，瞿然长吁，汪龙蹴尔曰："丈人何不怡之？且久谚云，心无忧患，不经二旬。"道人大异，遂以易数、占筮传之。郡使君林公召有所问事，以"刷"令筮，龙曰："刷以祛尘，事在边尘。"林公拊掌大笑以为神，仍问靖边者谁，曰："毛姓。"后果大将军毛伯温也。（《大鄣山人集》）

513 程正惠公初试民漕掾，时杨师都丞、郑公兴商，驭寮吏甚严。幕下有倾险者，专言人过以取悦。帅尝以一二事质诸公，公曰："卓所知者职而已，他无庸知。"帅愠曰："君亦党乎？"色颇厉。公终不为动，始察其忧，更加礼异焉。诋诬者反以获罪，人服其忠厚。（《新安文献志》）

514 南薰老人尝遇一人仆地，诊之谓为虫证，针其腹曰："已中其头矣。"病者果吐痰，中有虫如蜥蜴头，有细窍。其人即起谢去。（《杏庭摘稿》）

515 查待制道，儿时尝戏，画地为大第，曰此当分赡孤遗。及居京师，家甚贫，多聚亲族之茕独者，禄赐所得，散施随尽不以屑意。与人交情分切。至废弃孤露者，待之愈厚，多所周给。（《鄂州小品》）

516 吴竹洲先生，未第为太学录时，天子厉精以逻卒廉察中外，一日且至胶庠，先生曰："此曹挟小忠簸弄耳，今阑足至此，异时六馆之士以非所宜言与大不敬论报，岂不上累圣朝。"执而笞之曰："国有令，汝乌得辄入，卒噤。"受笞去不复至。盖先生之风裁峻整，临机果决，已见于为布衣时。（《程正惠公集》）

517 金叔亨，西山人。攻孙吴，善骑射。负剑从高皇帝征伪汉，死于鄱阳之战。（《名族志》）

518 翰林院待诏臧循者，与查文徽同里巷，少尝为贾入闽，习知其山川险易，为陈进兵之策。文徽本好言兵，遂请行。"元宗乃以为江西抚使，至境上审观可否？"文徽至上饶，覆命，盛言必克，诏发洪州。攻建州时臧循亦为别将，屯邵武，王延政袭破之，文徽得建之降将，使潜师出其后击之，建州兵大败溃去，遂传其城。（《渭南文集》）

519 汪季青，晋贤之弟。年少结交皆老苍，品骘风雅，气足夺人，嗣是海内称诗者，相与订揽环结佩之好。通藉，除北城兵马司指挥，判牍繁冗中吟咏愈多。既而坐吏议归，道途之作益多且工。其《过吴江盛泽》诗

云："夜灯千匹练，秋雨半湖菱。"匪仅开宋、元之窔奥，直欲造唐人之堂，而哜其胾者也。（《曝书亭集》）

520 方绶，字纤紫，号耐庵，东山人。幼颖敏，邑庠生，食饩，岁贡授职训导。事父母至孝，析遗产尽让腴田、美厦于诸昆。教子忠孝大节。喜读书，廉洁寡交，与俗多忤。证道还古讲席，以品行见推于邑侯莲山廖公。晚年更号湾木子，著有《耐庵诗草》《镜古堂文集》。（《还古书院志》）

521 程公大昌之夫人陈氏，公母之从兄女。生百日值方腊乱，父母携匿谷中，祝曰："儿若贵，勿啼。"自是悄然。既长归公，侍舅姑以孝闻。（《新安文献志》）

522 田州下闭洞首领凌谧，以掠良民，与化外诸国为市，人易金一两，伎艺者倍之。每岁上边买马，遣丁夫除驿，追辄为掠去。吴竹洲先生屡委所属追问，谧不伏，以兵擒之，枭首于市，远近称快。（《程正惠公集》）

523 邓辰黄，土岭人。致和二年擢进士第，历仕至大司空。后有大功，敕封将位，赐衣帛，玺诏以旌忠贞。绸缪元后而致极位隆宠，其诰敕、玉玺、遗像至今尚存。（《名族志》）

524 孙允方，字义卿，雷溪人。补郡经生，郡大夫熊公以选举制策诸生，允方射策复两汉举孝廉法，言甚正，熊公奇之。都授以茂材生，入紫阳院，尽发紫阳书读，由是为文益高。六举不得第，乃谢其师去。父病膔胀而肤肿，溃流渍床笫，允方举裙襦伺拭，或不及即以手承捹，取中裙厕褕身，自浣涤，如此者三年。尝葬父母，卜袝祖域得旧椁，亟令掩之阴阳泥，葬法必薄故圹，允方不许曰："即法不宜，吾当受之。"竟不薄。逾年紫芝产墓，人以质孝先生称之。许氏女弟寡贫，迎归养终身。从子珂病疫，顾祟能传人，里人皆逃之，又相率禜之，允方曰："人自祟耳，即祟文可驱之。"乃为文火之，竟不禜而息。当赴留都，道宿杞村里，里妪哭甚哀，允方曰："妪哭有怨乎？"黎旦趣舍人尾之，即以子逋负，故被怨家逮，急将溺河。允方即解囊中金贷偿，不问其名去。所著有《芝逸稿》

《觉孝编二录》。(《大鄣山人集》)

525 汪中瑞，号五云，石由人，石滨先生曾孙。读书成均，游江汉，声噪士林。以石滨先生俎豆干城，输田五十砠为春秋祀产，用垂永久。其平生为人慈孝，大抵多类此。(《广居集》)

526 汪怀绶，字又彬，号松庵，水南人。好读书，自幼登还古，佐理会事，敬礼吴敬庵、施诚斋诸学长，古歙鳞潭吴司成深器之。以明经任六安州训导，卒于官署。辑有《遗教传芳录》《汪氏蒙求》。(《还古书院志》)

527 江氏，休宁县庠生刘洪任妻，侨居于邮。未字时，刲股肉以愈母，于归后复刲股肉以愈翁。洪任疾故，江年二十七岁。历冰霜茹荼蘼屏，当家政虽耋耄常如五六十时。守节六十四年，卒年九十岁。子辅圣隶邮籍，家焉。(《高邮州志》)

528 程国胜夫人汪氏，亦死于鄱阳之难，追封安定侯夫人。(《新安文献志》)

529 曹随，南街人，朝散文之族兄弟也。遇异人授以开天玉女之诀，活人无限，号曰仙医。(《名族志》)

530 安平州李械藏匿逃逋，窥伺叵测累年，帅宪不能令，州有虞兵逸去。吴竹洲先生大书尺纸示械，如期而来且惶惧，遣使以书币请罪，先生责而释之，还其书币。械叹曰："往时太守率以贿，迁公清如水，吾敢慢乎？"于是，两江五十余洞，告戒部落，无有余者，且曰："吾宁贫穷，毋犯吴公。"(《程正惠公集》)

531 黄全，字仲生，居安人。幼贫，早丧父，事母孝。母丧，哀毁骨立，遂成羸疾，几死者。数娴于文辞，不售，遂闭关习静。少尚气，后自樽约，题其轩曰"耐辱"。而结木为楼，如绍空中而架霄亭，有随风动摇而不倾侧状，日坐轩中翻道书、鼓琴。岁乙酉，祝于武当，属兄与俱，距山麓三百里，榜人曰："三百里逆流计之七日。"忽梦神人与之言："汝于彼岸，当旬五之期。"言之属兄，未信。值石尤风，果验。既梦骑羊而登，寤曰："岂葛由之上绥山乎？虽不得仙，亦足以豪此行，当有所遇。"属兄先归。仲生留山中，遇异人传之导引之方，遂斋涤数月，归习静轩中。又数月，忽梦真人语之曰："而敝仙也。"书"敝"字示之。因以敝仙自号。恍然曰："敝者，《说文》败衣也。衣败之形不为世用，吾殆终于不为世用，免世离之苦，而出人间乎？而神人彼岸，旬五之期有示之欤？"著有《修炼真诠》，凡三卷。（《大鄣山人集》）

532 汪三省，字师曾，号敏斋，鹏原人。自先世仁峰先生以理学传家，至三省益阐明之。为诸生，有才名。由乙卯副榜任亳州、六安州训导，兴文励行，师法秩然。量移平越府经历，署太守篆。黔俗尚巫，疾病祷而不祀，有丧者倾赀广会酬歌三日，名为闹丧，三省力禁之。岁歉分赈，民被其惠。归里，设教还古书院，远迩从学者甚众。所著有《四书讲义》《约言十则》《敏斋文集》等书行世。（《江南通志》）

533 汪志仁，字体之，邑北东干人。事亲尽孝，居丧尽哀，庐于墓侧，朝夕泣拜，日必具馈，极其诚敬，至老弗怠。尝客游京师，夜闻邻舟泣声，询之乃宦游贫婆将鬻女为归计，恻然念之，亟畀以钱。子曰良弼，号后山，幼机警，异群儿。父以戆直被诬，逮狱数载，弼年二十，伺郡守出，扳舆泣诉守，白其冤，释之。父病，侍汤药、躬祈祷，执丧哀毁骨立。事母承欢外，饮必舍肉，以孝闻。有负逋者欲鬻妻子以偿，弼止之曰："岂因数金而离汝骨肉耶！"立焚其券。筑邑雉，建桥梁。（《名族志》）

534 吴伯生，以孝廉应郡举。尝悬凳数十仞，题方丈字于齐云岩之绝壁。吴兴慎公以御史巡行郡县，竟事即探名胜。过我休宁，登齐云绝顶，俯香炉揖五老，题岩镌壁，裴回天门之下，叹曰："嘻！户扇洞开，灵匠设也。奈何？"构坊其下，洿之，立命撤去，题曰"复还天巧"。见伯生字低回久之，即遣掾吏至门请孝廉，相为宾主礼。已知孝廉文学饰行，又善图绘，谓曰："山泉子号也，以薄游违去，山泉靡几矣。"孝廉知其指，乃作《山泉图》。（《大鄣山人集》）

535 孙履素之母归心内典。家尝失火，毁至庐舍，烟焰烛天，四邻喧叫，而孙母曾无惶惧，唯向佛忏悔，以为前世恶业应遭穷困，忽风从佛龛中出，其火遂熄。后数年，泛海舶，将礼普陀大士。夜半，飓风大作，樯摧缆断，舟去如箭激，一食顷行五百里，同舟人皆呼号涕泣，而孙母如平日，自言为佛亡躯无所复恨，已而舟胶河洲乃免。明旦，海滨人舁舆自芦荻中来，望舟而呼曰："夜梦大士，云有善女人困于此，命往迎之。"及见孙母，乃梦中所见也。（《三易集》）

536 明道士方琼真，休宁石门人，号雪崖。性刚毅，事母极孝。居山中多创建，尝为师集刻石堂丛锦，贤士夫之来山者，咸乐与之游。著有《雪崖集》，修《梓山志》。（《齐云山志》）

537 坐隐先生家有二鹤，每明月夜西飞仁寿山巅，鸣声相应，久之不还，闻坐隐棋声，便旋空而下，对舞阶前，蹁跹容与相向影斗，寻以袖拂乃止。（《坐隐随录》）

538 徽州状元戴有祺，与友夜醉玩月，出城步回，龙桥上有蓝衣人持伞，从西乡来，见戴公，欲前不前，疑为窃贼，直前擒问，曰："我差役也，奉本官拘人。"戴曰："汝太说谎。世上只有城里差人向城外拘人者，断无城外差人向城里拘人之理。"蓝衣人不得已，跪曰："我非人，乃鬼也。奉阴官命，就城里拘人是实。"问："有牌票乎？"曰："有。"取而视之，其第三名即戴之表兄某也。戴欲救表兄，心疑所言不实，乃放之行，而坚坐桥上待之。四鼓，蓝衣者果至，戴问："人可拘齐乎？"曰："齐矣。""何在？"曰："在我所持伞上。"戴视之，有线缚五苍蝇在焉，嘶嘶有声。戴大笑，取而放之。其人惶急踉跄走去。天色渐明，戴入城至表兄处探问，其家人云："家主病久，三更已死，四更复活，天明则又死矣。"（《子不语》）

539 古歙曹松痴老人，年五十无子，祷于白岳真武庙，乃生竹溪。（《华阳散稿》）

540 四月十五日，引见癸未科进士，选汪灏等四十九人为庶吉士，与鼎甲三人同入馆读书。（《香祖笔记》）

541 邵嗣宗，字鸿葴，别号蔚田。先世居休宁，号东门邵氏。祖光龙始迁太仓。先生十八补博士弟子，同里毛先生宣爽亦以文名，州人称能文者必首"毛邵"。岁辛酉，以选拔贡生举本省乡试。壬申会试，主司海宁陈文勤公于闱中得先生卷，大赏异之，手定第一。及程墨出，淳厚典重，海内翕然，奉为圭臬。廷试赐进士出身，改庶吉士。散馆授翰林院编修，充咸安宫官学总裁。以病乞假，假满补原官。擢右春坊右中允，转左春坊左中允，进翰林院侍读。先生在词垣十有余年，朝章典故，咸所谙习，分修《续文献通考》，用力尤勤。及诏修《宗室王公勋绩表》，大学士刘公统勋委先生专司其事，举凡起例，校若列眉，书成进御，深蒙嘉奖。性耿介，僦居宣武门外，公退却扫终日，门无杂宾。分校乡、会试各一，分教庶吉士者三，奖成后学，循循不倦。其教子弟则曰："君子持身无过廉俭二字，不俭则不廉，不廉则无耻。"闻者以为笃论。所著诗曰《一校庵吟稿》《养余斋吟稿》。（《潜研堂文集》）

卷

十

542 吴逮，字希道，号桂林，邑之璜源人。幼颖敏，好读书。侍父宦游元都，博学洽闻，公卿贵人皆器重之。元季兵兴，郡盗蜂午，逮周旋其间，逊言危行未尝不义屈盗，亦无敢侮之者。乡民胡仲德聚众攻剽，执里士黄伯宇、金万全、吴善夫、吴伯原，将杀之，逮驰谓仲德曰："是善人也，杀之不祥。"仲德即解其缚纵之。后数人者望见逮辄举手加额曰："生我者父母也，再生我者吴公也。"逮既没，皆为服丧三年。逮好为诗，春容幽远，浑然不见雕琢，所著有《桂林集》《都是春集》若干卷。（《新安文献志》）

543 金承恩，字奕卿，号慕山，中城人。崇圣学，攻医，祝石林重之，赠以诗曰："交广翻成累，如君意晏然。因开言偃室，更见灭明贤。壁挂看山屐，囊空卖药钱。白头卧穷巷，不受世人怜。"（《还古书院志》）

544 范仲才，博村人。集乡兵御方腊之乱，战死于阵，追赠保义将军。妻程氏因自缢死，女三娘号哭不已，亦坠井死焉，乡人义而祀之。（《名族志》）

卓按：博村有两范三娘。一为唐刺史范传正之女，许聘陆氏。闻讣，绝粒以殉，敕封贞烈，没而为神祷祀，辄应唐相陆宣公请于朝，赐庙额曰"慈贞"。盖与其祖母杜氏敕封吴国慈懿夫人，同享祀焉。已载县志。

545 吴震生，字长工，号可堂，籍仁和。幼从武进秦宫璧学，弱冠受知江夏胡公。五踏省门，荐而未售，遂弃去。入赀为刑部贵州司主事，狱无宽滥。以狱吏少和气，白云司不可久居，乞归，不复出。性耽，吟咏诗不下千百余篇，尤工金元乐府，熟谙南北宫调，分刌节度，凡古今可喜可愕之事，悉寓之倚声，行世者凡十二种。尝与厉征士丁隐君买舟，同游山阴，尽览越中之胜而还，倡和朝夕传遍，一时纸贵。少婴疢疾，博综医术。青鸟家言，人各异说，著《葬书或问》，发明斯旨；又著《吴氏先茔志》，自芳田祖墓以迄资口新茔，绘图立说，刊刻成书。读庄有《摘庄》一书，别有《姓学私谈》《太上吟》《金箱璧言》《丰南人事考》，已行世。晚年遍览竺乾之书，著《大藏摘髓》。后卒，反葬于休宁。子封英翰林院待诏。（《道古堂集》）

546 古城，山溪环山，下通三浙，即渐江也。丁亥五月，山落巨石于水滩上，滩忽成潭，潭深不掩鳞石，露其卤，名曰"印石"。（《寄园寄所寄》）

547 曹暹，字惟进，曹村人。幼苦于学，受《周易》，会父病盲，乃去书为吴越游。尝约贷芮父金，屡不能举约，芮父惭，计鬻子妇佐责，惟进闻止之曰："老人休我耳！不忍闻此。"又与约，请入牛蹄角六，佐岁赋。既芮父死，芮氏儿曰："易世矣。"不复思举约，抽挺结衽，逐曹氏奴往责者。一日所赋牛忽狡愤兴，越河濡者三，直至惟进客舍门，膝地蒲伏。芮兄弟趣至，一推之、一挽之不去，里父老叹曰："若兄弟忘而父归惟进牛耶，而逋牛赋乎？"乃仰天祝曰："执负者牛去之，不者归之。"言未讫，牛雀立跃入门至堂下，复折膝蒲伏，一墟皆惊，而芮氏兄弟龇舌服诺。会岁侵，居人百余辈至，愿惟进出仓庾所蹲为百口请命，惟进亟出管钥计口给之。游吴越时，舟中流，值白衣殍即停舟，出金钱收白衣殍葬之。其夜梦白衣者谢恩，适有衣青者随至称："幸与我俱。"惟进觉而异之，守至日昳，中流浮一青衣殍，又葬之。已从吴越归，值除夕，未至居舍十里闻丛中作咳婴泣，乃所弃新产女儿也。危不可活，亟解衽抱之。出数金属里乳母善视养儿，及归夜漏未尽一刻矣。（《大鄣山人集》）

548 程实，字以道，汉口人。状貌颀然，两目如漆，耳几垂肩，中有毫长二寸许，齿发变矣，而白者黑脱者生，年百有一岁乃终。终时盛服呼诸孙、曾孙及元孙等语之曰："我将与汝等永诀。"言讫而蜕。君生，无疾疢，未尝延医，步履如飞，终其身不杖，殆异人也。壮岁在吴下遇雨，渡而溺，自念非除衣靴无以获生，即伏水中褫衣去靴，一跃而起。江行遇盗，众潜伏，莫敢动，君曰："如此示弱，举将不免矣。"奋出直前搏之，盗披靡散去。（《新安文献志》）

549 癸卯年三月，张士诚出兵围安丰，刘福通请援，朱升进曰："福通纳款求救，若迁延坐视，不惟阻豪杰修好之心，且示弱于敌也。倘敌侥幸杀获福通据城，犹虎添翼，悔无及矣。"劝上亲征。伪吴将吕珍、庐州守将左君弼等皆败走。（《翼运绩略》）

550 吴学启，字觉甫，石岭人。初从贾，四子书未稔习，比发志圣学，晨夕读焉。师杨复所先生，《秣陵记闻》中屡载其问。（《还古书院志》）

551 隋佘琼，字公理，世居雁门，以捍卫功封武卫大将军。扈幸江都，遭宇文之难，退避江南，历抵休阳，则卜居石骐山，山即金鸡峰，因名佘家坞，又名佘源。（《名族志》）

552 休宁为徽之属邑，山水率多奇峭秀拔、圆整清丽，衍为平川，融为村墟，层峦叠嶂，鸾鹄停峙，骏马交驰，与云烟、竹树掩映邅迤，虽居万山间，而颇有江湖之思，非他邑比。（《覆瓿稿》）

553 召涣张雪为映斗，乾隆初，北上题晏城壁云："沽酒烹鲜劳仆夫，出山路胜入山无。莫言前路平原好，狭处多闻少坦途。"寓意深远。后介休刘某见之，因题于后云："癸亭才子留题处，投笔翩然何所之。那识风尘五百里，有人驴背诵君诗。"时丁酉四月也。阅三年，休宁汪文端公谨堂过此，见书作草草甚古雅，而名已剥落，时雪为尚留滞京师，因录刘诗，并次其韵寄张，云："文昌妙句思无敌，才胜微之与牧之。莫道风尘少知己，为君试诵壁间诗。"一时传为美谈。张诗名由此益著。（《雨村诗话》）

554 黄赓，字仲叙，龙湾人。殿试状元，乙酉同金正希起兵驻宁国，骁勇绝伦，善使铜鞭，所向披靡。及正希败，遂弃家为僧，卒于闽。（《徽州府志》）

555 夏然，字尚安，城南人。尝道过见二伭子浴沼中溺几死，尚安遑急，拔一簪号曰："谁救二孺子，偿此。"诸闻趣救，得不死。客清源，忽梦若有物告曰："翌日灾曜至，亟宜避去。"早起徙去。会便坐舍中，墙陑覆以去，得脱。（《大鄣山人集》）

556 朱中大，履善自力，每曰功名富贵不必当吾身，我后必有显者。俄感朱峰羽仙入梦，已而生晞颜公。（《新安文献志》）

557 杨文辉，字充符，板桥人。幼治《易》不遇，遂谢试。训蒙之暇，则荷锄辟圃植茶数百株，采制俱擅其妙，作茶歌以醒世。倦则趺坐山麓赋诗浩歌，炊烟时断煮茗啜数盂。绝乞假，有甥吴之麟治礱，值折特逪之为盟府以五百缗，谢不受。嗜圣学，登还古书院，风雨无间。论学必言其身之所造，不敢以大言欺世。会山贼蜂拥，绕其村数匝，独不入其居，寇亦重其高焉。(《还古书院志》)

558 吴周瀚，字密山，临溪人。病疝胸鬲，烦潩势寖弥留，子穆从计不知所出。会巫家祷禳其家，递以汤药进密山，强为饮，呕下痰数升，因脱然愈。顷之，孙长春病，孙先春妇亦病，侗知曩所，一再啜而呕下者，二人胜股沈也。穆从喜且骇，以闻之人，诸绅士争作诗歌表章之。(《苏堂集》)

559 叶修，字永夫，宋庆元丁巳迁于城南。生而颖敏，超悟不凡。黟侍郎汪纲公一见奇之，择妻以孙女。弱冠领乡荐，以特奏诸暨尉。历任至江西龙兴省提举司提举；解组归，超起加直秘阁，不赴。乙卯卒，赐有御赞。子森，少饶胆气，遇事敢为，入太学同百四十人论嵩之起复。知州赵汝弼奏登右科，授真州帅司制干以维持元使郝经取重朝论，屡荐为淮东路使。(《名族志》)

560 辛丑年秋七月，上以伪汉轻启兵衅，大率骑步、舳舻讨之，克铜陵。至安庆守备完整，朱升曰："我军不可淹留安庆，只宜经抵江州，少缓则江州知备矣。先取伪都，则安庆失势，伐之无难也。"又进曰："今大军西征，东贼有觊觎之心，宜命常遇春回守龙江以固建康。"(《翼运绩略》)

561 海棠洞在县南五十里万松山路。宋内翰程泌栽海棠，结洞花时如锦，游宴其中。(《徽州府志》)

562 吴仁，字静翁，临溪人。幼警敏，嗜书。壮游辟雍，一时师友皆海内英异。时余公端礼、谢公深甫当国，奇公才，欲以异恩界之。公谓："儒科可芥拾也！"辞焉。夙与伯季俱学，伯为丙辰进士，公则屡试屡却，

然却益厉，晚弥笃。每谓其子曰："学以经为菑，史为获，决科之辞抑末耳。"平生为词章，有《静轩杂著》行世。(《洺水集》)

563 节妇柴氏，徐之古沛人，休宁汪绍奇之配也。名淑星，母杨媪梦南望星而有身，故名。父曰："是女当配江以南名家子，应此梦征。"既绍奇贾于沛，遂妻焉。明年生子文辉，又明年生子文晓，后生女会。绍奇归，携次子俱，以父母亟欲见孙为娱也。无何，绍奇复往沛，竟不闻问。明年，父往踪迹之，不可得。柴年二十三，乃撤其环瑱，服衰南望想魂，千里外设几奠之而自缢，杨媪与女弟亟解之，不殊。乃断发啮指以坚其志。纺绩给子女食，水颓为灾，同杨媪就妹居。妹婿为太学李生，以柴之节言之，学林相与称美。绍奇之从子文济，北上燕京，特过沛存问，柴疑其非戚属，曰："汪之氏族自高曾而下，妾得闻之，君云为戚属，请言其系。"文济历历言之，柴大哭，涕洟交下。闱门与言欲归事，媵姑得与仲儿见，死无恨。明年文晓之沛，同母归。谣俗妇自外郡归者率不谙徽俗，柴无但谙且多能妇事，诸妇以母师事之。里人以柴苦节闻于县，于公移扁旌其闾。(《大鄣山人集》)

564 汪天应，字德懋，以字行，罗墩里人。生六岁失怙，母鞠育之。比入小学，发愤励志，虽隆冬盛暑，未尝释卷，久渐成疾，乃辟家塾万川之上，延环谷汪先生而受业焉。既又从学赵东山先生，遍谒诸前辈，若待制师山郑公、学士枫林朱公、春坊贞一汪公；东阜陈实卿、隆阜戴尚文俱相师友；同里任本初则视若兄弟。然讲贯尤密，由是学问大进，经史悉通，其究《麟经》①，尤深达其旨。尝以疑问质诸东山先生，凡三十余条，究极性理之说。远近争聘为师，子弟各有所成就。环谷先生编《春秋纂疏》及辑《通鉴纲目考异》，德懋时与折衷；东山先生殁，蒐其诗文，编次成帙以传。至正六年，县尹唐棣征各郡名儒赏试，延前贡省元李廉为主文，外郡来就试者五百人，仅取二十五人，德懋与焉，值疾作不果行。元末兵兴，避地松萝山中。至正丙申，院判汪公同兼保岭镇，休宁起义学于商山，延德懋为训导。洪武辛未春，以秀才被召擢故城县丞，抑强扶

①《麟经》：是《春秋》的别称。相传孔子编纂《春秋》时，有一猎户背一奇形怪兽请教孔子所猎者为何物，孔子见状大惊曰：麒麟本是太平兽，缘何生来不逢时。自此便停著《春秋》，三年后孔子亡故。后人以此典故称孔子所著《春秋》为《麟经》，奉为五经之一。

弱，莅政廉平，不苛以察，私谒无敢阚其门。（《新安文献志》）

565 雍正年间，浙东有史瞎子者，遇男子则揣骨，女子则听声，言休咎奇中。徐文定公元交抚浙时，其孙舒文襄赫德相国方卯角，而休宁汪文端公由敦以诸生为之师。文定令史相师弟二人。史曰："皆大位也。"时舒以世家贵公子，其显达固意中事，文端则寒诸生，念不到此，谓史特因弟以及师，聊作周旋语耳。是夕，史独伥伥到书塾，谓文端曰："君勉之！将来官职声名在主人之上。"文端益惶恐不敢当。史曰："非谰语也。君寒士，谀君何所利？正以我之命某年当有厄，某年当得脱。计君是时已登显仕，我之厄或由君而解，故郑重相托，君是时勿忘今日言，当力为拯之。"已而或进史于世宗宪皇帝，奏对后，忽奉旨发辽左为民。至今上御极之十年，诏军流以下皆减等发落。时文端公果为刑部尚书，乃检史旧案，则系特旨发往，不载犯罪之由。同列多难之，文端以其罪不过军流，正与恩诏相符，乃奏释焉。（《檐曝杂记》）

566 汪庸，字式南，石田人。能修星溪之业，尝讲学还古，著有《四书讲义》行世。（《还古书院志》）

567 朱瑾，字鼎臣。大中二年进士第，唐天祐中为马步都总管，奉敕剿灭黄巢，克复宣、歙、池、饶一十五州，功升宣歙观察讨击使。家居黄墩。后制封银青光禄大夫、宪都御史，爵授江南领将、歙州开国亭英侯，食邑五千户。卜居休之禹山。（《名族志》）

568 吾乡春饼其薄如纸，银丝细面，前明曾进御大官。（《双溪杂记》）

569 杨楷正，字公式，板桥人。家居近山多乔松，故又号松溪。儿时堕溪水中，家人无知之者。有牧牛儿既渡水而遗履，母觅儿水滨不得，得所遗履，望见公式浮沉水中，疑其己子也，急援之起，得不死。人咸以为神。弟诸生某以甲子秋省试遘危疾，公式冒酷暑驰往视之，穷书夜不息，鬓发由是尽白，其笃行如此。（《松泉文集》）

570 黄学，字廷修，号敬斋。孳孳喜读书，讽诵不废，好吟咏，每岁成一编。尤谨于丧纪之容，持父服累累羸惫，母丧亦如之，士林为作乌啼卷，廷修每诵之，声与泣俱。母枢藁葬，会洪涨，仇家荡漂其枢。廷修自客邸奔回，哀号河壖，以虚棺随逐流至东海，沿水滨以重货购问，逾三月不可得。曰："借不闻问，当以身溺海中问之水官。"时廷修未有子，夜梦神语曰："若行善，若母已葬海屿中愈于善地，若当以嗣续为孝，奈何欲殉溺，若归当生男以昌而家。"廷修悟，乃号泣。想魂招之归，刻木像，日夕严拜，以终其身。子福寿，长能典谒，遂以家政付之。家居耽于诗，以棋佐之，好品茶味。曰："何事醉乡，吾以三者而日醉焉！足吾老矣。"有诗集行于世。（《大郙山人集》）

571 黄涣，字巽翁，休宁五城人。试铨部，首词赋，选主德化簿，太守以为才，摄判官。二年，事无巨细倚之。总饷使者令董军储，异时庾吏受货，所输湿恶，巽翁律己戢吏，米皆精凿，月一给，军声欢然。比满去，咸饯远郊，有依依不去者。以关升三表，转从政郎注诸暨丞。岁适祲，庾司檄以赈济，户至人给，全活甚众。令去，巽翁摄其事，官无铢钱，以告身质富民得三十万，藉以流通。令之行也，无以裹粮，巽翁辍俸遗之。邻县有枉毙者，累验莫究，宪檄巽翁与同验，至则屏吏躬视，果得冤状，宪劾前官，以巽翁名闻。养济院岁久屋倾，巽翁鼎新之。又有讼数十，前后令莫决，巽翁为剖析，率十数言，人皆折服。秩谢监司，辟庆元穿山盐官。炉列海滨者七八十，剧暑隆寒，往来不惮。先是课不登，巽翁入盐则削平箩面，官不取，赢予钱则当官给，散吏不得扼，故亭民乐输，岁课以羡。使者列之朝，赏儒林郎。场滨海路多礓砢，巽翁砌石余二十里，自是为坦途。部使者及刺史各以京削荐之。任满漕司，又辟三石桥酒官，及考苦脾下，乞致其仕。转通直郎，赐绯衣、银，命下而易箦。巽翁居官，洗手奉职，贫甚；其敛也，衣襦不具。（《洺水集》）

572 苏丑，字叔武，以元至正辛丑生，因以岁名焉。生六月而母卒。父赘于陈村陈伯仁氏。伯仁老儒，自新兄也。未几，父亦卒。陈母辛勤抚育，一如己子。叔武端重谨慎，自小如成人，自新因收教之。长益克自树立，因自陈村还，居邑中北街藕池之西。事陈母至孝，痛二亲早逝，凡有作为必谨慎，恐贻父母辱。人有善，极口称之；有不善，委曲开导。贫者假之财谷，不计其偿。晚岁发不白。重修族谱，从父守正，官两浙都转运

副使，为序而藏之。（《瓮天稿》）

573 苏丑，字武叔，年八十余，正统间卒。以隐逸自高，性爱古法书名画，不惜万金购之。曰："此足养心性，非他玩好可比。"其人品亦可谓博雅矣。（《玉堂漫笔》）

574 世庙改孔庙，称号为先师，其议本于成、弘时程学士敏政，至是始行之。（《天都载》）

575 查赵童，邑前人。有敏捷才，涉猎书史，时贵折节相与交。息怨解纷，市人多从质直。著有《山林纪录》。（《名族志》）

576 中元，俗尚油餈。（《双溪杂记》）

577 黄显，字廷辉，别号午川，居安人。事父母孝，伯兄玺殁于旅次，扶榇归，号哭甚悼。行路见者相语曰："为子修途若此，亦惮诡至矣。"及问其所以，则弟扶兄榇，皆骇异之。尝载艖舟作尺牍，夜漏下二十刻，足踵忽寒，颤烛之水尺矣。亟呼舟子徙艖复烛，舟中罅漏则有方寸之叔【属】，鲔塞其罅，水得不大入，人以为祥善之报。六十时，目忽瞑。显曰："五色令人目盲，生平自谓目未尝一妄视不正之色，今乃绝我视，天乎！"不数年，双目复炯。（《大鄣山人集》）

578 余昔连举子而殇。家君曰："里有礼白岳者生子，辄育謁以瓣香遥祝之。"果举儿亨。（《礼白岳记》）

579 白岳有神鸦，夜栖崖洞，日绕幡坛，人与之食，即翔下衔去。（《齐云山志》）

580 潘美，字仲询，大名人。父璘，以军校戍常山。美少倜傥，隶府中典谒。尝语其里人王密曰："汉代将终，君臣肆虐，四海有改卜之兆。大丈夫不以此时立功名、取富贵，碌碌与万物共尽，可羞也。"会周世宗为开封府尹，美以中涓事世宗。及即位，补供奉官。高平之战，美以功迁西上阁门副使。出监陕州军，改引进使。世宗将用师陇、蜀，命护永兴屯兵，经度西事。

先是，太祖遇美素厚，及受禅，命美先往见执政，谕旨中外。陕帅袁彦凶悍，信任群小，嗜杀黩货，且缮甲兵，太祖虑其为变，遣美监其军以图之。美单骑往谕，以天命既归，宜修臣职，彦遂入朝。上喜曰："潘美不杀袁彦，能令来觐，成我志矣。"

李重进叛，太祖亲征，命石守信为招讨使，美为行营都监以副之。扬州平，留为巡检，以任镇抚，以功授泰州团练使。时湖南叛将汪端既平，人心未宁，乃授美潭州防御使。岭南刘𬬮数寇桂阳、江华，美击走之。溪洞蛮獠自唐以来，不时侵略，颇为民患。美穷其巢穴，多所杀获，余加慰抚，夷落遂定。乾德二年，又从兵马都监丁德裕等率兵克郴州。

开宝三年，征岭南，以美为行营诸军都部署、朗州团练使，尹崇珂副之。进克富川【州】，𬬮遣将率众万余来援，遇战大破之，遂克贺州。十月，又下昭、桂、连三州，西江诸州以次降。美以功移南署都部署，进次韶州。

韶，广之北门也，贼众十余万聚焉。美挥兵进乘之，韶州遂拔，斩获数万计。𬬮穷蹙，四年二月，遣其臣王珪诣军门求通好，又遣其左仆射萧漼、中书舍人卓惟林【休】奉袁【表】乞降。美因谕以上意，［以上意］以为彼能战则与之战，不能战则劝之守，不能守则谕之降，不能降则死，不能死则亡，非此五者他不得受。美即令殿直冉彦衮部送漼等赴阙。

𬬮复遣其弟保兴率众拒战，美即率厉士卒倍道趋栅头，距广州百二十里。𬬮兵十五万依山谷坚壁以待，美因筑垒休士，与诸将计曰："彼编竹木为栅，若攻之以火，彼必溃乱。因以锐师夹击之，万全策也。"遂分遣丁人数十人，人持二炬，间道造其栅。及夜，万炬俱发，会天大风，火势甚炽。𬬮众惊扰来犯，美挥兵急击之，𬬮众大败，斩数万计，长驱至广州，𬬮尽焚其府库，遂克之，擒𬬮送京师，露布以闻。即日，命美与尹崇珂同知广州兼市舶使。五月，拜山南东道节度。五年，兼岭南道转运使。土豪周思琼聚众负海为乱，美讨平之，岭表遂安。

八【七】年，议征江南。九月，遣美与刘遇等率兵先赴江陵。十月，命美为升州道行营都监，与曹彬偕往，进次秦淮。时舟楫未具，美下令曰："美受诏，提骁勇数万人，期于必胜，岂限此一衣带水而不径渡乎？"遂麾以涉，大军随之，吴师大败。及采石矶浮梁成，吴人以战舰二十余鸣鼓沂流来趋利。美麾兵奋击，夺其战舰，擒其将郑宾等七人，又破其城南水砦，分舟师守之。奏至，太祖遣使令亟徙置战櫂，以防他变。美闻诏即徙军。是夜，吴人果来攻砦，不能克。进薄金陵，江南水陆十万陈于城下，美率兵袭击，大败之。李煜危甚，遣徐铉来乞缓师，上不之省，仍诏诸将促令归附。煜迁延未能决，夜遣兵数千，持炬鼓噪来犯我师。美率精锐以短兵接战，因与大将曹彬率士晨夜攻城，百道俱进。金陵平，以功拜宣徽北院使。

秋，命副党进攻太原，战于汾上，破之，且多擒获。太平兴国初，改南院使。三年，加开府仪同三司。四年，命将征太原，美为北路都招讨，判太原行府事。部分诸将进讨，并州遂平。继征范阳，以美知幽州行府事。及班师，命兼三交都部署，留屯以捍北边。三交西北三百里，地名固军，其地险阻，为北边咽喉。美潜师袭之，遂据有其地。因积粟屯兵以守之，自北边以宁。美尝巡抚至代州，既秣马蓐食，俄而辽兵万骑来寇，近塞，美誓众衔枚奋击，大破之。封代国公。八年，改忠武军节度使，进封韩国公。

雍熙三年，诏美及曹彬、崔彦进等北伐，美独拔寰、朔、云、应等州。诏内徙其民。会辽兵奄至，战于陈谷口，不利，骁将杨业死之。美坐削秩三等，责受检校太保。明年，复检校太师。知真定府，未几，改都部署、判并州。加同平章事，数月卒，年六十七，赠中书令，谥武惠。咸平二年，配飨太宗庙庭。（《宋史》）[1]

卓按：《名族志》"唐潘师正传·六世"曰："逢节避巢寇，居黄墩。""十一·传"曰："奎举孝廉，为益州治中。长子曰庆，恬退高逸，雅擅青山白石之趣，常游榔源，爱其山水幽深，而卜居焉。子孙日蕃，世名潘村。至十四世曰璘，以军校戍常山，其子美仕宋，为检校官。太祖屡命征南汉大原有功，赠太师，谥武惠，追封郑王。其子孙复居休宁水坑口。"予尝游潘村，所谓潘坟者，其山形为犀牛望月，山麓有亭曰榔口，盖为榔源山之水口云。亭外有潭，水清可鉴。有二石人背山面水，一在亭南、一在亭北，峨冠博带，如拱揖状，土人谓之迎客、送客石人。入村访之，绝无潘姓者。世俗演剧，以净扮美，指为奸臣，与杨业世为仇敌。一代勋贤遭其诬辱，遂使子孙不敢认其祖，乡党不屑称其名，而修邑乘者又复泯其传，抑何可笑欤！吾乡子《朱子家训》曰："子孙虽愚，经书不可不读。"余谓尤不可不读史。因载《宋史》，于此并考证而辨论之。

---

[1]此条据《宋史》卷二百五十八、列传第十七《潘美传》点校，中华书局1977年点校版。

卷十一

581　孙默，字无言，休宁人。客居维扬，工于诗，有襄阳风致。广交游，急友谊，四方士经淮南者，无不过访默，与之流连不忍去。风雅声气不介而孚，默之力居多。家贫，欲归黄山旧隐，海内巨公才人作诗文送之者，满箧盈帧，亦盛事也。（《扬州府志》）

582　嘉靖乙丑十一月戊午，越寇自遂安连岭突至石门桃梅诸村，大肆焚掳。郡丞驻军梅田，凡二日贼退。军始进，民相向泣曰："宁死于贼也。"盖贼去官军攘夺过于群贼，且驱野氓公案前严刑锻炼成狱。上官不察，反荐其贤，谁能辨其冤者。（《休宁诗隽》）

583　塔山在邑南，秀峙一方。有白石七级，宛如浮图。人传昔阿育王驱役鬼神，叠石为塔，以奉佛舍利，其在震旦者十有九，此其一云。（《西州集》）

584　考古上梁文，有儿郎伟工匠，歌以喝采者也。制如磕瓜。休俗拆屋匠亦名榔槌，殆即此物。（《金二木集》）

585　"平生壮士怀，万古腐儒志。一入殿最程，不出催科吏。"此程奕仙宰石门所作诗也。普天下作令者，读之强半应为泪下。（《瀛山笔记》）

586　叶生，字又生，新安人，籍仁和，诸生。少孤贫好学，入深山键户，十年不出，山中积雪，生自吹糜粥，读书不辍。为文阆深俊逸，用明经荐为温州训导。卒年六十九。诸生请于学使者，崇祀名宦。所著有《丽宗简存》《因是编》《最古园》《皋啸集》等书。（《杭州府志》）

　卓按：《崇文会录》："叶生，字又生。仁和学，治《诗经》。原籍休宁城中街。甲寅岁贡，廷试第三名。"

587　王沂，字与之，玉堂里人。生而有处女子之色，久贾吴会，无所幸倡。客有嫚与之者，为张具，令妓行酒属与之，客相谓曰："王孙以不嫚立名，即门阃之内乘醉饱之时，何能已也。"使妓强嚼之，醉扶入舍钥其外。及醒起坐，属妓奏琴，鼓积雪之曲，一再行而黎旦矣。邑大夫礼之乡饮宾席，与之辞谢不赴。（《大鄣山人集》）

588 双溪，溪底有大方石，号印石。（《双溪杂记》）

589 芳溪，故名板桥。四山回抱，一水潺潺循山麓，绕居人门巷而东，中多芳草，四时葱蒨不绝，故居人目为芳溪。（《松泉文集》）

590 休宁乡贤胡少卿，金峰公未达时，夜饮归，见数十人迎送至第，从容遣之，忽不见。（《述行编》）

591 家藏唐时析牍，分田四百余亩，止计税钱十七贯。所谓十七贯之科敷，乃止绵十二两、产钱三贯、折钱三贯、盐钱一贯、小麦八斗、布二丈、绢六疋、䌷三丈而已。后之有志斯民者，或于此有考焉，故备言之。（《洺水集》）

592 胡大年，字从道，演口人。为宋都监使，授通直郎。知绍兴府嵊县，主劝农公事。转奉议大夫，赐绯鱼袋，诰茔圭印，至今传焉。（《名族志》）

593 唐末以李廷珪墨为第一，易水张遇第二。宋有常和、陈赡、王迪、潘谷亦为妙品。元朱万初、又谷流亚，若国朝休邑之墨，骎骎李、张之境矣。（《绀珠》）

594 戴朝立，字茂才，父樊由新安迁杭。朝立事父母，先意承志，于兄弟笃爱，历久不衰，乡人师之。性刚方，然诺不苟处，俭约不蓄私财，不饰车服，不履公庭，不与外事。至遇人缓急，竭力救之，赈贫解纷，无望报念。生平多隐德，人咸称为长者。子璁封内阁中书舍人。（《杭州府志》）

卓按：《崇文会录》："戴朝立，原籍休宁和村。"

595 吴有磐，字鸿于，号培庵，山背人。父殁，甫三岁。母汪抚之有成，奋发自立，善祖父母，祖父母皆笃爱之。及壮，游钱塘、姑苏、齐鲁间，出入数年，感危疾归。病中读方书，得摄生之要，病良已，乃业医以养母。旌德谭先生者善治目疾，往从受学，躬贱役不辞，未一载尽其术。又患小儿医多误人，乃就学同邑叶君，日夕覃思，未一载复尽其术。由是医名动远近。无贫富延致者，即昏夜必赴，制药剂不假手童仆，药奏效则深以为喜，即危险不治则咨嗟叹息。博求古人成法，思所以拯之者百方。尝有病目者就治，其家贫而躁，培庵时其饮食，多方娱之，旬日间霍然去，当发怒时，人皆弗堪，培庵处之怡，即去弗谢，不以介意。（《松泉文集》）

596 上溪口村北大坂桥，关壮缪祠神最著灵。传闻有山寇夜猝至，防守田某者梦神促之起，乃以七骑御之于石湖，斩获甚众。（《双溪杂记》）

597 孙元京嵩，诗有近陶者，有似二谢者，有似元次山、孟东野者，清劲枯淡，整严幽远。五言古体，如《秋怀感兴》，及《冬初杂兴》诸作，近世诗人所不能为。不谓吾州近有此人，持是以见朱文公，可无愧哉。（《碧流集》）

598 汪钺，号西溪，竹林人。尝使苍头往嘉禾主子钱，苍头竟破千贳。及钺至，遂鸩，钺惯眊不知。人濒死，趣辨棺具，有黄冠者过曰："我有万金良药。"进少许，钺痦饮之药，即复。尝有怨家杀俤子，移于钺之谒舍亡去，诘朝变告邑令潘公，亲至门，遍召钺之子孙，叹曰："而家岂杀人者，然无左首。"令购贼急迹，且得会星气者，豫章人过谒，自谓能见物前知。令曰："生揣我何念？"生具道，如令意指，令大惊。竟得贼，左验逮之罪。（《大郭山人集》）

599 王维芳，字名卿，溪阳人。以学道老，更名轻。早岁习应制业，后奉父命就贾，辄自念千圣心传，不以儒贾分。会祖行乐然先生崇圣学，率其宗缔家会讲还古后，先生时虽少，而仔肩勇于长者。其学以自然为宗，谓事拂拭为支离。尝谒周海门、李宏明诸先生，反覆论辨慊衷而后已。淮藩筑院论道，以布衣厕其间，析微义不相苟同，詹侍御霖臣深契焉，为文赠行，有"独透根宗，足续一峰"等语。比归归仁堂聚讲，则先生坊表之，宅居叔侄行自相师友无惓勤。尝作《证学吟》百章。（《还古书院志》）

600 赵东山诗，因感发而形之咏歌，虽不专乎是，然长篇短哦，不一字苟。（《蓉峰集》）

601 黄闶，字定翁，五城人。以父何任入官酒正仪真，丞吉水，再丞新城，及考以亲嫌去，又丞武宁，易选令南康之建昌，通守蕲春。所至崇教化，创学田，丰常平，建义阡，决滞狱，延名儒以迪后学，补社仓以惠饥年。廪平籴，凡为斛数千，皆其力请于司常平者。所至人士，悉祠以祝。然齿已宿，吏事繁，乃口不绝吟，手不停披，赋咏数百篇，皆有思致。（《洺水集》）

602 赵君戣，歌行中悲愤慷慨、苦硬老辣者，乃似卢仝、刘义。（《后村诗话》）

603 宋江主敬，字宋符，石室先生孙，乡贡两魁，授本府学正。（《新安文献志》）

604 吴文肃公寓郡城，客热不可寐，诗云："淡月微云对倚楼，无声河汉自西流。高城忽起梅花弄，散作晴空万里秋。"此篇诗意清新，而豪气勃勃不可遏，宜与坡、杜相周。（《竹坡类稿》）

605 朱迁，开国亭英侯瑄之第五子也，居王侯村，即今之阳湖。为唐衢饶等制置观察使，后唐封开国男。（《名族志》）

606 尝公暇访方外景，得御史查君元方诗于山房之僧壁，其警句云："自古干禄辈，知进不知退。"予三读之不能已已。惜无好事者传之，俾士大夫得斯语，因镵石书。（《周都官书》）

607 天井山泉在西村，山石奇峭，有数井泉从地涌，清深不测，为蛟龙窟。（《徽州府志》）

608 洪祖烈，字定远，十七都江村人，吴江籍。万历丙辰武进士，历

官副总兵，与郑为虹同守仙霞关。大兵入关，祖烈死焉。贝子叹曰："忠臣也。"命其仆护丧归。（《扬州府志》）

609 柴道人庆云，名通真，浙开化人。父母继丧，造亭二所以憩行人，置田数亩，烧茶以纾渴，喝为父母资冥福。性耽山水，游胜地徘徊不忍去。年十九，随季父谒齐云，瞻灵岩竞秀而出世之念决矣。在道院运水搬柴若干年。一日，忽自念弃家学道，将究竟性命中事，日行行者奚裨乎。因居二天门，筑小室守默静坐，数十年不辍。郡守亢公率先折节，一时名公巨卿乐与之游。（《往者录》）

610 上溪口村东道傍有碑，漫灭不可辨，人皆呼为义士碑。（《双溪杂记》）

611 长孙君嵩元京诗，清劲苦淡，如其为人；小孙君岩次皋，予未之识，忽袖诗访于武材，亦清劲苦淡如其兄。（《桐江集》）

612 汪广洋，字朝宗，元进士。宽和简重，通经、能文、善篆隶，尤工诗歌。少从余阙学。游太平，太祖渡江召广洋入见，与语大悦，留幕下为元帅府令史，行省提控。改照磨，置正军都谏司大书牌，上以广洋为都谏官，朝政有失执牌直谏。迁江南行省都事，进郎中，立中书省，改右司郎中，寻知骁骑卫事。平章常遇春下赣州，广洋参军事，遂守赣州，拜江西行省参政。洪武元年，大将军徐达平山东，欲得廉明持重者治行省，命广洋往抚纳新附民，庶安之。是年冬，召入为中书参政。明年，出参政陕西。三年，丞相李善长病，召入为右丞。左丞杨宪恶广洋轧己，嗾侍御史刘炳劾之，斥还乡，宪恐其复入，再奏徙海南。李善长奏宪诬罔大臣，放肆为奸，乃诛宪，召广洋还。是年冬，与刘基同日受封护军忠勤伯，食禄三百六十石，诰词称其剸繁治剧，屡献忠谋，比之子房、孔明。四年，善长致仕，广洋为右丞相。六年，左迁广东行省参政。逾年召为御史大夫。十年，复拜右丞相。后以胡惟庸事谪海南，旋赐死。所著《凤池吟稿》八卷，为明初诗家之最，学者宗仰之。（《高邮州志》）

卓按：程篁墩《新安文献志》注："汪广洋，休宁旌城人，徙居高邮。"

613 邵继昭，字穆仲，东门人。工诗，所著有《蠹余草》。子一蟾、字月卿，一名一乾、字太生，有《醉余草》；一虬，字幼青，有《禅余草》。（《休阳诗隽》）

614 王尚，休宁人，居仪凤场口。少习外科。事母以孝闻，母病，往浦江求医，遇异人曰："我能为子医。"延至家，备极恭敬。异人熟视之曰："子能孝母，又天真不凿，可以传道。吾以术授汝，与汝约：无巧索人财，无稽人疾，无缓视孤贫，无急趋势利。苟负吾约，灾且随之。"尚受教。因过山中，指道旁一草示之，曰："以此配方书治人伤，可死中回生也。"如言治之，遂著神效。凡跌压折伤者即气绝齿闭，在三日内以箸启齿灌之，药下喉无不立生；或脑裂额破，则抟脑敷药，越百日无所损。间有腹剖肠出，则浣肠纳腹中，用桑皮线缝合，迄无恙。造门丐药者，率以先后为序，不问贫富，是以人咸感悦。居恒患痔疾，邑中称为王痔。顺治初以疾卒，法失传。（《杭州府志》）

615 查廷瑶，字西圃，号慕愚，西门人。九岁作竞渡诗，惊动长老。仲兄渐陆公殁南雄，遗负累数千金，督逋者日叫呶不已，西圃悉以己券易故券，如其息偿之，仲嫂暨遗孤乃得奉枢归。一日得家书，母微恙，心动立就抵家，母方弥留，亲奉含敛，人以为孝诚所感。家居，与程于郊善，程病且死，切切嘱其子。西圃曰："君以吾不能抚若息耶？我有女当以字君儿。"遂以妻其长子时桂。时桂殁，又抚其次子成人。人谓查、程之交有终始。初客粤西时，途遇一男子踽踽有可怜色，问之，曰："父死母老，流落不得归耳。"西圃恻然，解襆被与之，各不识姓名去。浔梧荐饥，倡同志蠲赈鬻靡，活人甚众。尝举以训子弟曰："人患不实心济人耳！此二事皆吾贫时所为，若待富而后为是，犹待饱而后爨也。"生平好读书，议论不苟，以岁贡生议叙州同知，卒年七十有一。（《松泉文集》）

616 赵君吟啸诗五七言，亦宗晚唐，然超脱不为句律所缚。（《后村诗话》）

617 金宝惠，糜村人。唐时宰金华，得异人传授，弃职归隐。居禾源

至今，称为宝公。充复爱松萝之胜，筑室天葆之前山，修炼成道，号为宝仙。（《名族志》）

618 丁自宣，休宁人。结茆黄山中，辄累年不出。潘之恒复修天都大社，自宣与弟虞采咸与盟焉。尝买云涛庵山地，东至祥符寺界，南至云门峰麓，后尽输慈光寺以供樵采。（《黄山志》）

619 金璜，字德和，珰溪里人。通籍太学，诸生北面受经者众，二载，以父丧归。题著存堂为议堂，立规约，教子侄服阕。试礼部不售，乃补郎，选四川都司副断事。屯田法故废弛，都御史陈公属往占田四百六十四分，补戎籍三千六十三口，陈公以为能。有奢宣抚者夷渠率也，恃其雄桀，捃人无奈何。见璜廉庄及终，更持良马宝剑拜谢于道，璜谢去，一无所受。都江堤阏，故塞堤工三十万，独省工九万，而堤完坚，蜀人飨其利，比之蜀守水云。寻陟布政司理问，视彰明，篆有惠政。璜文雅蕴籍，监司皆谓文学司理。甲戌【戌】入觐，嘉其治迹。明年乙亥，转广西都司经历，不赴。以役至京诣铨部，乞归者再，不许。便道归，竟请于郡朝，谢去。璜事父母孝，伯兄栗斋先生为时硕儒，事之如严父。及伯兄事参军，老于家，年逾八十。璜告老，亦几大耋怡怡相从，为经术，学不废，吟咏蜀中。有《游蜀漫稿》《江上录》。晚年与里之耆艾为诗社之游，诗益传诵于人。殁之日，作楹书授子。（《大鄣山人集》）

620 汪立信，字成甫，新安人。宋景定时，为沿江制置副使，上疏言："凡边戍不宜抽减。"复以三策移书贾似道，似道得书抵于地曰："瞎贼，狂言敢尔！"盖立信一目微渺，故云。寻中以危法，废斥之。及元兵大举代宋，复召立信为招讨，俾就建康府库募兵援江上诸郡。立信受诏，即日上道，以妻子托其爱将金明，执其手曰："我不负国家，尔必不负我！"遂行。与似道遇于芜湖，似道抚立信背曰："不信公言，以至于此。"立信曰："平章，平章！瞎贼今日更说一句不得。"似道问立信何向？曰："今江南无一寸干净土，某去寻一片赵家地上土，要死得分明耳。"既至建康，守兵悉溃，四面皆元兵。立信知事不可成，叹曰："吾生为宋臣，死为宋鬼。终为国一死，但徒死无益耳！"乃帅所部数十人至高邮，欲控引淮汉以为后图。及闻似道师溃，叹曰："吾今日犹得死于宋土也！"乃置酒召宾僚与决。手自为书，起居三宫；与从子书，属以家事。夜分起，步庭中，慷慨悲歌，挥拳抚膺者三，以是失声三日，扼吭而卒。后伯颜闻其策，大惊叹曰："宋有是人，有是言哉？若遂用之，我安得至此！"令求其家，厚恤之，曰："忠臣之家也。"（《高邮州志》）

卓按：《邑志·邱墓》："汪公立信墓，在休宁下坦。公六世祖迁此，子孙世居之。"制敕、告身今具存，又军前与邑西门族玉轩手书，嘱以善护持其宅墓，婺人汪元锡跋之。公后寓六安，而《一统志》载为六安人，邑志不为立传，今据《高邮志》补之。

621 程利往，字贞符，号澹如，九都西垫人。家乘素封，喜缔交。尝偕吴五咸肄业金山，晤高安谢吉甫论心学，遂发志入南都师杨复所先生。以国子候选，寓京师，复师涂先生镜源，务欲立证性宗。交游最广，居常语人曰："予知交溢千，而明于义理之辨，绳我以正，相与有成者，惟吴考言一人。"当时咸服其知有知人之鉴。任应天府经历，有遗泽在彼。谢事，遂居其间。（《还古书院志》）

622 江昭自同吴徽仲、施虹玉至齐云讲学，到柴道人室，问曰："何谓修养？"道人答云："此处元关无荣辱，放下原来便隔尘。"又问："消息是何物？"道人答云："过去未来都莫想，那知今古是何人？"作礼而别。（《往者录》）

623 姚应凤，字继元，仁和人。年十三，入山采药，遇老妪指青精子谓之曰："此可食也。"服之，精神倍焉。未几，诣齐云山，有老人卧大雪中，气隆隆如蒸釜状，应凤再拜求教，老人曰："若有缘，当授尔丹药之秘。"应凤由是术大进，以疡医显于世。（《杭州府志》）

624 吴修，字仲诚，城北人。父仕清早卒，母朱氏年二十六，剪发誓不二天。奉姑尽孝，坚节苦行，历五十年如一日。修事母极孝，邻居不戒于火，抱母号泣，风火顿息，坊屋独存。母终，擗踊哀恸，奉葬赵家巷口，结庐墓侧，绘象奉事如生，昼夜悲哀，寝苫枕块，累土培木，群鸟来集。郡邑奏闻旌表之，曰"母节子孝"。著有《密庵诗集》。（《名族志》）

625 戴九鼎，隆阜人。以大义归洪少师墓地，少师孙尚书远，酬之百金，不受。治别业霍邱，置义塚，收道殣稿骴无算。行见屠牛，鸣而泪下，捐钱赎养。及病，疫疾大剧，牛殒而疾瘳，人以为赎九鼎之死。先是瘰马有冢，因此敝帷埋牛于马冢旁。子拙轩，游淮扬，与沈司成、田大理、曾侍御诸名公厚善。一日，见猕猴被絷，赎而放之于山，与父赎牛事并脍炙人口。（《大鄣山人集》）

626 黄庭院主陈建宇、吴立斋，善治精蔬，俱能酒，酣肆雄快，绝无城市局蹐卑趋之态。（《礼白岳记》）

627 唐元和四年，歙州刺韦绶，一夕梦古貌僧造公，长揖曰："特来相访。"绶曰："住何所？"僧曰："郡休宁县石桥岩。"既寤，问左右索图经视之，县西三十里有岐山石桥岩，岩下有石室，深广数十丈，可容数百人，中有石讲堂、佛像。遣人按之，一如图经所载。乃捐俸建精宇，其他钟鼓什物具足有。僧本立游歙造绶以石桥崖焚修为请，欣然命往焉。山下人胡则为施财补所未完，卒为一方胜地。（《齐云山志》）

628 门外旧常凿三塘，塘水止而不流。今岁始穿一渠，使三塘相通，水常旋转，流通不息，觉有生意，名曰流塘。观此，人心亦须要于静中，寻个流动活泼处。（《寒松阁集》）

629 汪廷讷建百鹤楼，缋吕真人像。一夕月明，果有鹤来，旋绕颃颉，楼于楼头，张羽而舞，久之飞去。（《坐隐集》）

630 程尚，字尚甫，一字幼君，休宁人，徙戍上。性迂癖，废产营三教诸书，复购古法书名绘自娱。块处一室，不间寒暑，摩挲装勘，谛视长哦，人皆目为迂秀才云。与云间董其昌、陈继儒友善。生平喜写离骚，所著诗文甚富，惜多散失。卒年八十七。（《程氏所见诗钞》）

631 程忠壮公起乡兵拒侯景时，尝率诸少年习战湖上。传闻风雨之夕，犹有鼓吹声。（《篁墩集》）

632 癸丑，戚将军继光舟师败贼。仰月沙贼匿悬山，又走大藤岭，会通判吴成器部兵至，愿得一当贼锋。将军分遣部将先后之，吴跃马驰贼，贼轻吴军，一持矛者从吴，矛及马腹，吴引弓射杀贼。兵合，乃悉斩之。（《副墨》）

633 弘治丁巳，有司禁石工凿古城水口山。皆于山后取石，得崖刻云："兵马先锋程南节，领军驻此作平安寨。"字画尚完。石工不知而凿之矣。其下掘出石炮数百，盖当时战具也。（《篁墩文集》）

634 屯山在邑南三十里，元季红巾贼乱于上屯兵，遗矢镞数升，并黑黍窖其下。下汇双流则浙江，自张公下汶江，自黟山下西南，诸溪灌注如缧成巨，浸通浙江，百艘泊焉。故行山麓者如盘，危栈恃险可关。题曰"中林关今成康庄"。而上阳山宸之南度石梁则黎阳境也。上阳山一名星子嶂，上可坐数百人，张步障足列广筵远眺百里，澄江真如疋练。（《海阳山水志》）

635 太祖皇帝初入宫，见宫嫔抱一小儿，问之，曰："世宗子也。"时范质与赵普、潘美等侍侧，太祖顾问普等，普等曰："去之。"潘美与一帅在后不语。太祖召问之，美不敢答。太祖曰："即人之位，杀人之子，朕不忍为也。"美曰："臣与陛下北面事世宗，劝陛下杀之即负世宗，劝陛下不杀则陛下必致疑。"太祖曰："与尔为侄，世宗子不可为尔子也?"美遂抱归。其后太祖亦不问，美亦不复言。后终刺史，名惟吉，潘夙之祖也。美本无兄弟，其后惟吉历任供三代，止云以美为父，而不言祖。余得之于其家人。（《随手杂录》）

636 何濂，字元洁，休宁人。画花卉，落笔娟秀，传色淹润，多作屏障。濂虽出云鹏之门，另以花卉得名者也。（《无声诗史》）

卷
十
二

637 程瑞祊，字姬田，号槐江，率口人。年十二而孤，十八补博士弟子。试高等，食饩，三至京师，名噪辇下。无所遇，循例入成均，得县令，非其志，不就。工诗，见赏杜茶村。初至京，与东明袁杜少、任邱庞雪崖、曲阜孔东塘为社友，新城王尚书、南阳彭阁学、湘潭陈恪勤、青阳吴宗伯先后推为作者。其论诗，谓"声调宜高宜响，气韵宜鲜宜逸"。治经于《春秋》尤邃。尝蒐考金石遗文及国朝掌故，为帝京搜《玉集》三十二卷。所著有《麟经集义》八卷，《飘风过耳集》二十卷，《槐江诗钞》、《杂著》各八卷，《黄山纪游诗》《南徐游山诗》《游西山诗》《七闽游草》各一卷，《藜床呓语》六卷。客建宁时，郡中豪没故人，重赀行千金，丐言之郡守。郡守者，故社友任邱庞雪崖也，得一言可立解，瑞祊峻却之。浙江为新安出入必经地，南阳彭公督学浙江，避弗见，自守如此。（《松泉文集》）

638 何增，邑前人。幼好骑马，习孙吴书，从东山先生论《春秋》。至顺三年，蕲黄兵犯徽州、迫休宁，公统义兵屡战有功，授总管。至正，项奴儿由婺州犯休宁，增统众生擒副将，升授六州都总管，保障六州，生民赖以安堵。（《名族志》）

639 万历甲寅九月初七日，休宁刘懋贤以持大悲咒至师子林结坛，僧一乘见天晴，雾有瑞光，相亟登始信峰，佛光忽见，然乍隐乍见不定，俄而摄身光大见，倾侧俯仰无不影，受者俄而见桥光，见青霞光，瑞相非一。至二十七日未刻，一乘复见光影非常，呼云："佛光必再见。"俄而遍地皆放瑞光，或远或近，触处皆然。刘再拜，自是持咒益坚。（《黄山志》）

640 余邑朱氏子远贾蜀中，其妻家乏甚，属其侄售田于许氏，约赎取，久之不得也。其妻惧夫回见责，愤缢死。侄遂病狂，见捕于冥司，属其子寄言许氏当赴诉，侄与许氏皆先后暴死。君子曰："田之不赎，罪未重也。因不赎而死妇命，罪重矣！冥司安得不为理也。匹夫匹妇之愤烈矣哉！"（《千一疏》）

641 胡少卿宥卒时，毕节学宫栜门仆、休宁庠栋挠、其乡约所绰楔堕，三异同时。（《述行编》）

642 俗于上元时赛神，神每夜游街，纱舆中可列烛杂绘，其外望之如灯屏。（《双溪杂记》）

643 钓台诗作者多矣，未见有绝唱者。程奕先一联云："功名一代邓冯外，俎豆千年耕钓身。"殊有别致。（《瀛山笔记》）

卓按：程奕先，名光裡，休宁临溪人，顺治癸卯科举人，见《崇文会录》。

644 吴照，字子明，初号松山，后以遵晦之义，别号蒙泉。嘉靖癸未，以《易》补邑弟子员；庚子，录入乡试不举。天性坦夷，疏朗直中无他肠。以《大易》①授邑弟子程辰州兄弟十年所，辰州成进士。以至守辰时，照即贫无一字干及。忽梦天帝使者持告身牒，请以癸亥三月二十八日之任，明至期，无病竟逝。（《吴氏家记》）

645 戴班立，字茂齐，新安人，寓钱塘。父年七十一生班立，儿时事父孝，十八而孤哀毁骨。立补诸生入太学，友人朱为人中伤，班立竭力营救，后以千金酬，弗受也。尝买一妾，询知杭望族，遂以女畜之，择良配归焉。丙午岁，郡城火延数里，捐数百金托僧周济。以子普成，封儒林郎。（《杭州府志》）

卓按：《崇文会录》："戴班立，休宁和村人。"

646 邵天咏，务东街人。年十八时，尝割股以治母疾。隆庆元年，父忽堕食诶诒，天咏亟拥树抱之，诸医视，皆以脉死法气绝，谓咏无用抱为。天咏大泣曰："不肖当随父九原下也。"自日昳抱至旦日不释手，忽苏，医曰："可矣。"人谓其父复生，为善行之报，亦天咏所为孝感云。（《大鄣山人集》）

647 或问于白岳柴道人曰："今人言道理，又云情理，如何是道理？如何是情理？"道人答云："道理无可言、无可思、无可想，守存此中无生无死，虚无自然，会么常存性中，悟不在身外求。情理则有可言、有可

---

① 《大易》：即《周易》。

思、有可想，有今必有古，有生必有死，有嫌【廉】必有贪，有好必有歹，有善必有恶。若悟到这个消息，便能随机应物，知么了得方了悟，无受无罪，福人能依此修，何须更问俗。"（《往者录》）

648　汪鼎金，字凝之，号巽溪，上溪口人。十岁遍诵五经，应童子试不遇，入都辇下，巨公目为大器。长汀黎大廷尉典学三楚，延为上客；徐坛长待讲、储六雅编修，偶游湘沅间，皆折辈行愿交。幕府三年，旋就太学。应京兆试不利，归安吴牧园学，使得湖南差，即约以行事峻归键户。戊午，始举于浙闱。己未，下第，复就武林张星指太仆湖北学幕又三年。壬戌，成进士。铨部循例引见，不置词馆而授县令者，以娴于幕事，宜民牧也。分发广东，始至，委监枭者；二月，摄翁源篆；三月，知广州府三水县事。未期，实授调繁，莅新安沿海要区。不忍以蛮獠鄙夷其民，建文冈书院，课期亲定甲乙，以风励之；案无滞牍，催科平恕。自甲子至庚午，一入文闱，三入武闱，得文、武士刘璜、陈纪瑞、赖斌全、黄壮略等三十九人。工诗，长于五言。素甘淡泊，无长物，官七年而贫益甚。殁之日，无以为殓，旋榇归乡，皆资同官力。（《松泉文集》）

649　汪文言，字士光，初名守泰。因黄正宾，得交于金坛于玉立，于遣之入京，与一僧俱，文言念僧非成事者，谢于，装赠不受。乃只身入长安，游诸贤豪间。以身察于阉寺中，得青宫伴读王安，谓其乃心储且端洁知书，可与论国家事，遂纳交焉。时相与谈世事之得失、人材之邪正，王听之亹亹不怠。至丙辰、丁巳，正人一扫尽矣，而局中诸大有力者，亦渐相携二。文言策之曰："浙人者主兵也，齐楚者客兵也。成功之后，主欲逐客矣，然柄素在客，未易逐此，可构也。"遂多方设奇用巧间，迨后，齐、浙果大构，卒以两败而楚遂归正。盖杨、左之谋居多，而奔走先后以卒成之者，文言也。庚申岁，冲主鼎新朝政，则王安与南昌刘相同心共济，文言实绸缪之，盖南昌亦文言素所莫逆也。时正人颂文言功不啻口，嫉之者日益众。人谓文言宜且归，文言不听。门外之辙愈众，福清、蒲州俱延之入幕，高邑太宰尤倾心焉。诸卿台谏，有欲望见一接谈，久而未得者。侧目者愈甚，卒构祸死。（《颂天胪笔》）

650　汪文言再下诏狱，锻炼两月余，弗屈，有旨杖之百。其甥悲失

声，文言叱曰："孺子，其不才死，岂负我哉！而效儿女，子相泣耶？"（《通记》）

651 汪宇春，字心圣，号一参，四都溪阳人。少时攻制业，心切冀庠，及慕道，身列泽宫若寄耳。宗文成良知之学，并精内典，论学辨证不啻悬河泻，未尝少折而竭承【诚】，学金竦然起听，且喜其言之条理井井也。崇文院中宝【实】繁有徒，尝环为攻击，应之，挺然不为动。及门者森如在金陵游复所杨太史门，有父母未生身前之问。万历乙卯，仪部①曾金简，主教我邑，赞其为一方领袖。（《还古书院志》）

652 何介，字介民，后田人。素介特自好，深于《易》，博通诸史。精灵、素二经，著有《医易》《事亲先要》《素言录》《易原》等集行于世。（《名族志》）

653 李敏，字功甫，号浮邱山人。与陈有守、汪淮共撰《新安诗集》。王仲房曰："功甫诗切事严偶，五言类多有可诵。若'窗间树鸡栅，篱落晒牛衣。宛然山居之，风前未道及。'"（《徽州府志》）

卓按：邑志："李敏，字东麓，中市人。精岐黄，以诗鸣，著有《东麓草堂集》等书。"又按：汪先岸《休阳诗隽》载："李敏，字功甫，中市人。工诗，所著《东麓草堂集》行于世。"据所著书曰："东麓，曰功甫。"实为敏一人无疑。然陈有守、汪淮、汪先岸皆胜国②人，与敏往来，则敏亦属明代人，邑志载入。国朝《风雅传》宜更正之。

654 某县令坐堂，皇而忽假寐，梦至邑东门穷巷中受享焉。令性好面饵，其家亦享以面饵，寤而喉吻中尚沾面饵气。令异之，卒呼舆至东门访至其家，径路门舍若素谙者，一老媪以忌日祀其前夫，祀甫峻，哭而焚楮，认令君状貌肖前夫也。县令叩其夫卒日，即降生辰。乃厚给媪，终其任。（《千一疏》）

---

① 仪部：明初礼部所属四部之一。《明史·职官志一》："初，洪武元年置礼部。六年设尚书二人，侍郎二人。分四属部：总部、祠部、膳部、主客部……二十二年改总部为仪部。二十九年改仪部、祠部、膳部为仪制、祠祭、精膳，惟主客仍旧，俱称为清吏司。"

② 胜国：指已亡之国，这里指明代。

655 里中善书者戴一美中含、吴锡圭五瑞、吴文汉云卿、吴廷枢环中、吴文炜公素，结兰亭社，始于明神熹间。诸子尤杰出。公素翁子还里时，年已八十余矣，犹临《醴泉帖》见贻，近来吾乡榜署多出其手。（《双溪杂记》）

656 黄无心，休宁人。隐黄山海净庵。曾破建洞天福地于白岳，奉张邋遢，仙去后寄书无心，许其至八十时，当来山中传以大道。及无心死，人亦疑为尸解云。（《黄山志》）

657 黄元麟，高源人。深于诗道，兵燹之余，篇章尽失。犹记避乱时，有吊金正希、汪长源二先生诗一联云："南北海阳双义士，后先翰死两词臣。"汪死于北，金死于南，皆休宁人，其精当简括如此。（《瀛山笔记》）

658 吴昕，字仲征，徽人。喜武林山水，遂卜居焉。工诗赋，喜宾客，为人潇洒出尘，尤善画司铎，永嘉造士有法。尝曰："吾欲弃妻子，一游五岳，尽览天下之奇胜。"一夕卒。所著有《松台集》《苕溪唱和》《归田杂咏》。（《杭州府志》）

卓按：《崇文会录》："吴昕，休宁和村人，为温州学博。子士贞，字安士，乙卯举人；士坤，字锡在，庚午举人。"

659 吴仲征，山水学松江一派，淹润最好。（《图绘宝鉴》）

660 淳熙丙申八月庚辰，德寿宫遣大珰张去为至都堂传旨，立翟贵妃为今上皇后。明日午后，执政奏事，皇后归姓谢氏。乙酉晚，快行家来宣锁院。是日侍讲刑部侍郎程泰之已宿直，呼马而出，予至内前，适与之遇，泰之扬鞭云"留诗案上矣"。（《玉堂杂记》）

· 155 ·

661 程骧，字季龙，富溪人。性极聪悟，凡诸经史、律历之书，一览辄尽。致仕归后，凿地引泉，为游息之所。尝书座右铭曰："无毁之谓誉，无忧之谓乐，无求于人之谓富，无屈于人之谓贵。"人以为名言。宋亡，元访求旧臣甚急，公益屏绝，自号松轩，以见志。（《程氏所见诗钞》）

卷十二

662 贞妇程伯和女端一柔嘉，归吴万里为室。万里嗜学，年三十一而卒。贞妇欲即死以殉，伯和力以三女孤幼，相依为命，谕而止之，乃嘱虚其穴以待。纺绩织纴而抚教之，既悉有家，遂仰药下报万里，乡里叹其贞烈，号曰贞妇。（《学鸣集》）

663 石桥岩之右有云头山，上有棋盘石，传为仙人对弈之处，石迹显然，刘侍御赋之。（《卧游杂记》）

664 吴睿，字克通，茗洲人。壮岁客毗陵，雅度为人推重。一日行市中，有少年尾其后，为隐语詈之家人，子恨，怒曰【目】并发曰："辱文人于大市之众，吾力足以挫之于掌事间，奈何详事两耳不省者？"睿曰："误，非我詈也，彼自为隐语耳。"其人归，立夜死。设少以目皮相，恐逮狱矣，至今以为口实。（《吴氏家记》）

665 邵鸾，字以祥，陪郭人。五岁时守舍，即提戈随父逐格虏，游市区得食物，怀归跪进母。及长，贾云间。云间故有金汇薛家，二梁阤坏，过者蛇行匍伏，鸾亟属工缮治。岛夷入海宁，云门诸子亡其财，家人愤忧，鸾置勿问；亡何赀复，鸾亦置勿问。尝以岛夷发难，同诸父老白当路筑邑城，愿输财筑城若干丈。舟行黄浦江中，风大作，舟覆，张目见五色光如有物肩之，俄而同溺者聚坐舟底，得小舟济。入闽至兰江遇群盗，仓卒同季堕水中，春涨流十里，攀舩乍见乍没得济。岸旁舍火南倚薄居，鸾曰："吾兄弟平生不为焰虐，有顷风返而火遂息。"人谓为善报也。（《大鄣山人集》）

666 上溪口汪茂先，与兄子云升从事粤西，摄事思恩，死猺难。茂先妻戴氏、云升妻吴氏并以节著。（《松泉诗集》）

667 汪佐，字岩瞻，号溯舟，新屯人。业医，襟怀磊落。施虹玉、邵估宣、吴景宣、杨右军、戴康民联塾讲，阐扬圣贤之学，佐尝与会。又偕吴徽仲辈集讲紫阳，郡侯丁公暨歙司成吴公特重之，请主讲席。登还古书院，证道不倦，为远近学者所宗。年八十四。（《植槐堂集》）

668 佘念二，讳端明，佘家坞人。蒋鸣凤榜第二人，迁广州同知判事，因青苗变法不便，遂毅然谢职，隐处不出，修著谱牒。（《名族志》）

669 邑侯廖莲山，偕黟邑周公登白岳，访柴道人于斗室，见壁间偈语，诘之云："道人在此清修否？"道人曰："了心而已。"廖深为赞叹，因赠道人一绝云："独爱天门老道流，不知送客不知留。云间打坐忘寒暑，春夏秋冬一衲头。"（《往者录》）

670 僧果然，休宁汪氏子。贩牛为生，一日见牛现异相，大惊，遂改业。寻至山东时，憨山清公遁迹牢山，谒之随乞，剃发服勤五载，以省亲归。因登黄山择静地，遂结茆珠湖山头，蓬头跣足，饮涧茹蔬，不出山者数载，远近檀越，助成梵刹以"香山庵"额焉。崇祯己卯，微疾示寂，瘗庵左。临寂，属其徒本如曰："二十年后，为我开塔。"届期，忆遗命，启圹，形貌如生，遂金饰其体，龛奉庵之丈室。居常，发长不剪，任其盘结，寂时脱下如帽，今供庵内，时发异香。（《黄山志》）

671 乡有老翁，好谎说者，人皆知其谎，老翁亦不自讳谎也。一日，踉跄行市中，少年前执其袂曰："老翁好说谎，为我一谎，乃放翁行。"老翁曰："某陂塘鱼大出，今从僮仆辈网之，无暇谎也！俟得鱼归，沽酒从尔辈。"从容谎耳。少年信之，随执筐笱网罟往陂塘上捕鱼，寂然无一人。至归而诟老翁何谎也，老翁笑曰："吾谎尔乎哉？尔令吾谎，故谎言之，吾不谎尔也！"（《千一疏》）

672 汪文言以监生工书，授中书舍人，负气有声公卿间，遂目为东林之党。（《史外》）

673 吴道超，字公著，太学生，有文名，早世。子维烈，字期安，六岁而孤，倚孀母汪成立，有孝行，广施与，为人排难解纷无德色，以子琮封承德郎。（《杭州府志·寓贤传》）

卓按：《崇文会录》："吴道超，休宁和村人。子维烈，奉直大夫、刑部员外。孙琮，奉直大夫，历任刑部江南司员外郎。"

674 程再乾，休宁草市程春甡之孙女，适同邑隆阜戴某。再乾于余为表妹行，余程氏姊于乾隆辛未归新安，与再乾相聚甚欢。明年又之松江，而再乾赋诗寄之，诗虽只四句而情意真至，韵意甚长。惜其诗不多示人，不得多见。（《树密斋诗话》）

675 程元善，字长人，休宁人，娄县籍，著有《吐凤轩诗草》。长人诗词，皆极剀切，其伉俪金氏能诗，合欢五年，竟尔夭逝，有长别诗，至为酸楚。诗云："扰扰尘缘念已疏，抛残刀尺撇琴书。生平未识翁姑面，会向泉台侍起居。五载姻缘爱倍深，从今笑语已销沉。秋来欲理寒衣着，自检箱囊仔细寻。孤单谁可仗扶持，饥饱寒暄只自知。最是凄凉禁不住，黄昏人静醉归时。寒居寂寂倚荒村，终日相看也断魂。自是归来人不见，呱呱儿女候柴门。"（《程氏所见诗钞注》）

676 吾乡祭扫最重寒食，虽宋时古茔不废。（《双溪杂记》）

677 王巨，字子宏，号玉山居士，玉堂里人。幼喜学书，随父游吴越，逆旅中有格言，即书记之，日以成编。多购名流墨绘，间从摹写。好吟咏，句成辄弃去。客有伺其箧中得诗六十首，巨笑曰："是为焦螟之响耳。"遂题曰《焦螟草》。大父病，侍汤药，衣不解带一月。杭城莲池大士，故经生也。一日发菩提心，投西湖寺中，誓宏愿持戒，一时绅绥之士影附，巨为尺牍三章辟之。吴中黄山人淳父见谓不惧波罗夷罪，可授诸众生，为序之首简。会倭寇海上，杭城戒严，诸贾人皆首鼠避，巨着白袷盘马市，回策如萦，意色自若，出入郭门，门者不敢诘。所著有《王伯子日录》《焦螟草》《辟佛简》诸书。（《大鄣山人集》）

678 无无居士汪廷讷，凿昌湖源七尺许，得二尺若糜若断，乃苏长公书《醉翁亭记》。即榻【搨】二本，书法殊绝，将欲珍藏，石随剥落。（《坐隐先生集》）

679 友人程奕先有句云："水痕秋让石，雨气夜侵灯。"俞子政云："泉声迎石壮，人影入溪清。"并唐人名句也。仆每舟行溪山中，辄讽咏

之。（《瀛山笔记》）

680 任亨泰，古楼下人，襄阳籍。洪武戊辰科状元及第，上命有司建状元坊以旌之，圣旨建坊自此始。（《名族志》）

681 鄢懋卿，负严嵩势，以中台出理盐政，将往徽之齐云，檄所过郡县供办，令甚峻。时海忠介公宰淳安，为书语懋卿："邑小不足奉迎，至见罪，愿取他道往。"懋卿得书色变，罢齐云行。（《史外》）

682 程庆玩，字廷敏，号近斋，休宁富溪人。早游吴门，与吴原博、沈启南、杨君谦、黄勉之友善。晚集国朝诗二百余家，止于弘治，虽搜密东南，采遗西北，亦可留资后评，有功艺苑矣。所著有《近斋吟稿》《诗话编》《声文会选》。（《十岳山人集》）

683 周氏妓行二者，归余世大父四十年，服役操作，与仆媪等布素蔬食，谢铅华不御也。世大父好吟咏，周氏佐酒茗亡倦也。世大父举孙能诵通，周氏日夕谨伺之津津有加。年逾七十乃终。（《千一疏》）

684 祁门方旦兮，偕其徒读书白岳，与柴道人盘桓，谓非尘中人，遂赠一绝云："大道由来识者稀，谁从仙洞测机微？刀圭妙处难轻受，笑指山云去复归。"柴道人答云："有此幻身，光阴易迈；气在身存，气散身坏。若能返本还源，自觉自知何碍？"（《往者录》）

685 程天相，号筠窗，山斗人。质美而好学，尝题其藏修之所曰"筠窗静读"。予嘉其有志于学，赋一律勉之云："少年勤学慕三余，玉立亭亭众不如。击节常歌君子操，闭门时授太元书。光回夜榻亲萤火，香满晨窗辟蠹鱼。万卷可开须努力，河南家世本宗儒。"（《篁墩集》）

686 汪德馨，方塘人。颖敏超迈，五岁知学，受业陈定宇，与朱枫林、倪道川友善，以文公鸣于时。有司礼辟，就试江浙，中漕举，授蒙古学录。义不仕元，以母老辞归，隐于眉山，学者称谷隐先生。著有《谷隐文集》。（《名族志》）

687 孙爽山《溪上》诗云："溪翁生计独熙然，新买南邻舴艋船。日载鸬鹚三十尾，鱼为租入水为田。"此绝类陈后山，不具眼者不识也。（《碧流集》）

688 刘淮，字伯远，别号守泉，城南人。初生时瘠弱，啼彻日夜。贫，夜乏膏烛，母卧起面雍树①儿，丙夜不宁。及能负床行，善解说父母，母一日意不自得，涕数行下，淮伏地请，母谩曰："虑久俛入屋舍耳？"淮曰："母幸自宽，儿当贸之。"及长，贾河东，归母病，偕配吴氏祷于神，愿以身代。一夕，母梦黄冠人授之药，曰："而旦夕人，第儿妇孝服，此延二旬之期。"如期卒。居丧焦毁过礼，值忌日唏嘘流涕，即衰白犹无解。客于嘉湖，岁饥，有困廥米，或言可乘时获羡利，淮不可曰："孰若使斯土之民得苏之，为利大也！"乃减价以贸，又为粥以食饥者。以幼时对母言买地构堂宇，犹以未尽拓先人之产为嗛。（《大鄣山人集》）

689 出门之人，亲族多送面果一二星，不思一星有四十枚，合数家即有数百枚矣。予昔同伴省试，两人积果千余，及至三浙，江俱碧色，难赠舟人，尽倾入大江，殊为暴殄。谨劝诸君子，凡亲友远行，不拘松烟、水鼠、雨伞、葛精、螺乾、蜜枣、茶叶、葡丝、歙砚、锦锁、蜩杯等物，皆可赠行。俾受者可作土仪送人，甚妙。（《居家必备》）

690 明道士徐秘元，休宁山溪人。官道会，尝往武当、武彝访修炼性命之学。归白岳沉香洞结八卦庵以居。年八十四，绝粒四十九日，怡然而逝。蓝渡桥、东夹溪桥皆秘元倡造，今人利之。肖像立祠，祀之。（《齐云山志》）

691 高士里后龙山，龙背露赤石如几者，横亘三里，登之胜千人，石十倍与庐六遂仙石并驱。（《卧游杂记》）

692 黄小华言西城有扶觇者下坛诗曰："策策西风木叶飞，断肠花谢

---

① 面雍树：亦作"面拥树"，形容面对面地抱持婴儿。雍，通"拥"。裴骃《史记集解》引苏林曰："南方人谓抱小儿为'雍树'。面者，大人以面首向临之，小儿抱大人颈似悬树也。"

雁来稀。吴娘日暮幽房冷，犹着玲珑白苎衣。"皆不解所云。乩又书曰："顷过某家，见新来稚妾锁闭空房，流落仳离，自其定命，但饥寒可念，怅触人心，遂恻然咏此敬告诸公，苟无驯狮调象之才，勿轻举此念，亦阴功也。"请问仙号，书曰"无尘"。再问之，遂不答。按：李无尘，明末名妓，祥符人。开封城陷，没于水。有诗集，语颇秀拔，其哭王烈女诗曰："自嫌予有泪，敢谓世无人。"措词得体，尤为作者所称也。（《姑妄听之》）

693 程少章，工书，为诗有佳句。中年，偃蹇不得志，乃独寓意于酒，浮沉闾里，渔樵争席，然其潇洒出尘之趣，犹时时见于沉酣放逸之余。（《吴文肃公集》）

694 村有名石潭，因溪底垍石如墙，故以名村，今讹为石田云。（《姚江集》）

695 乾隆元年正月元日，大学士张文和公，梦其父桐城公讳英者，独坐室中，手持一卷，文和公问父看何书，曰："新科状元录。""状元何名?"公举左手示文和公曰："汝来此，吾告汝。"文和公至左。曰："汝已知之矣，何必多言。"公惊醒，卒不解。后丙辰状元乃金德瑛，移玉字至英字之左，此其验也。（《子不语》）

696 溯严陵而上，其为滩三百六十。雇役挽舟，而人假水以赁食者，尝近千人，舵师呼之。纤板官初至，酒一盏、肉二胾劳之；过此，糜饮三、干饭一，或以盐沃箸苦菜蒸食之，甘如饴。山与水曲，舵师呼纤板官曰："左则左之。"曰："右则右之。"绿簑烟雨，上下如猿猴，抵屯溪，获俸钱而归。（《岁寒堂初集》）

697 休宁饭店中，土人谓饭一顿为一次，大次贵，小次贱。（《星村诗注》）

698 特赐江南举人汪灏、何焯、蒋廷锡三人，与癸未科中式举人王式丹等一体殿试。（《香祖笔记》）